Pierre Richard Gerisma

Attente d'un amoureux

Edilivre

Cet ouvrage a été composé par Edilivre

194, avenue du Président Wilson – 93210 Saint-Denis
Tél. : 01 41 62 14 40 – Fax : 01 41 62 14 50
Mail : client@edilivre.com
www.edilivre.com

Imprimé en France
Texte intégral

Dépôt légal.
© Edilivre, janvier 2021

ISBN papier : 978-2-414-50144-1

À la Muse, que ce recueil est dédié.

Sommaire

Chapitre trois
La baignade de ma muse

Chapitre quatre
La continuelle promesse d'amour de mon sourire

Chapitre cinq
Épreuve de vérité

Chapitre six
L'espoir du désespoir

Chapitre sept
Attente d'une seconde venue...

Préface

Selon l'expression de Lamartine, la poésie n'est faite : « que des fibres même du cœur de l'homme touché et ému par les innombrables frissons de l'âme et de la nature ». Le jeune apprenti-médecin-poète Pierre-Richard Gerisma semble s'être inspiré du chantre du romantisme dans son recueil « Attente d'un amoureux ! ».

La première chose qui frappe à la lecture des poèmes et textes poétiques de Pierre-Richard Gerisma est la sincérité et l'intensité des sentiments qu'il voue à l'être aimé. Le lecteur est fortement ému à la lecture de ces poèmes qui chantent les inspirations du poète dans des vers inépuisables de tendresse, de mélancolie, d'espoir et d'adoration.

La mise en scène de la phrase poétique est frappante car elle en appelle à la nature, au règne végétal, animal et minéral en support à la traduction des émotions. Le poète privilégie le jardin, la complicité des fleurs, des astres, du silence. C'est une stratégie de la part de l'amoureux afin de faire comprendre à l'être aimé jusqu'où peut le mener la folie de ses sentiments, dans une société où les émotions et les rêves sont piétinés par la dureté qui prévaut au quotidien. Dans le monde turbulent, déstabilisant qu'est le nôtre, on puise dans cette lecture un profond renouvellement, on se lave de tout pour renaitre comme au premier jour.

On sent toutefois chez le poète le sentiment que les mots ne peuvent saisir au plus près les sensations, les chagrins. Mais dans cet aveu d'impuissance renouvelé à l'infini, il parvient pourtant à nous toucher. Il s'efface de ses poèmes pour parler de faits de l'âme et du cœur qui nous concernent.

Après cette grande aventure lyrique qu'est le recueil « Attente d'un amoureux » on pourrait souhaiter que le poète se tourne vers une parole visant à l'épurement, dans la lignée des poètes modernes. Il pourrait ainsi donner la mesure d'un talent que nous croyons capable d'aborder la métaphore d'une manière plus dépouillée.

Kettly Mars

Préambule de l'histoire

« **Attente d'un amoureux** » retrace la destinée de deux âmes unies depuis plus de vingt ans que j'écris sous forme de poésie. C'est une histoire vraie, remplie de passions, d'émotions et de la véhémence. La décision de la rendre publique découle de deux raisons éminentes : prouver l'authenticité d'un « Amour », redonner l'espoir à tous ceux qui sont déprimés et qui cherchent un confident. Oui, tout simplement l'espoir, afin que par ce besoin d'aimer, ils reprennent le courage et découvrent le sens de leur propre destinée…

Monsieur Édouard Michel eût à dire après Roger Colombani : "le destin est une puissance aveugle qui règle souverainement nos vies et le cours des événements, qui nous fait rencontrer la chance ou la malchance, la richesse ou la pauvreté, la réussite ou l'échec. Mystérieux et imprévisible, il est le ressort des vies passionnantes, nées de la rencontre avec des événements inattendus".

Les premières inspirations me sont donc venues vers le onze décembre 1988 quand la famille Coles m'a offert l'opportunité de me joindre à leurs enfants. Quelques jours après, Charly Coles Junior et moi avons vu une jouvencelle se promenait sur sa bicyclette avec un généreux sourire et un regard tant prophétique… Ce regard aurait bien vite changé ma vie en rêve, et me permit de croire qu'elle pourrait être mon âme sœur, mon amie… Ceci paraissait tellement fabuleux, je me suis dit qu'il existe quelque part dans ce monde, un être subtil qui m'est destiné. Quand j'ai eu à dire cela, j'ai éprouvé un étrange sentiment que je n'avais jamais pu décrire…

Mais six ans plus tard, comblé d'amour, de compassion et de miséricorde, j'ai appris à cultiver la paix intérieure et je me suis orienté vers un idéal de vie pour que me vienne cette âme semblable. Je n'ai pas pu m'empêcher de vivre dans le silence, l'isolement et le recueillement afin que je sois toujours en parfaite harmonie avec la pensée de cette « Muse ».

Je suis resté courageux malgré moi quoi que j'aie toujours voulu La voir, La connaître, La toucher et même La désirer. Je n'ai jamais mentionné son nom à aucun moment donné jusqu'au jour où j'ai osé lui déclarer ma pénitence…

Si elle n'existait pas déjà en moi, il me serait impossible de la trouver aujourd'hui. Si j'ai l'air d'un sage c'est grâce à son influence… Elle n'est autre que mon complémentaire à savoir : compréhensive, patiente, sage, aimable, humaine et par-dessus tout, elle a les aptitudes que j'ai toujours désirées. Cette « Muse », je la porte en moi, elle est ma joie, mon chagrin. Elle est ma déception et ma satisfaction. Dès fois, elle est mon malheur mais toujours elle est mon bonheur… Heureusement que j'ai été choisi dès mon plus bas âge car grâce à cette attirance, ma pensée a été façonnée.

Ce volume est beaucoup plus qu'un recueil de poèmes, c'est ma vie et la bonté de cette muse. Ecrire cette aventure, nous a placés sous le contrôle d'un Guide de sagesse, qui, nous a permis d'avoir une nouvelle vision du monde et de comprendre la vie. Moi personnellement, pendant deux longues années, j'étais resté passif et sans force. Il me semblait que plus rien n'aurait pu désormais m'atteindre. Tandis que j'étais plongé dans cet état de torpeur et d'anéantissement, ce Guide : Humain en son mystère, appliqué à sa science, repère du désespéré ; valeur digne de révérence, sa pensée laissera une pépinière. Il est et demeure pour moi un être charitable, respectueux et réconfortant. Car, quand le désespoir avait fait de moi quelqu'un d'insensible jusqu'à en vouloir mourir ; il a su trouver les mots exacts pour me relever. Ainsi, j'avais vite compris que nous sommes guidés par nos propres rêves... Que le message que contient ce recueil soit un jasmin planté dans le cœur des lecteurs qui comprennent la nécessité de partager un amour propre et généreux !

Chapitre Premier

Une vie imaginaire et d'attente

Mon Hibiscus

J'ai cru entendre ton agonie,
Et tes hurlements parviennent jusqu'à moi…
Songe à la croix sur laquelle j'ai donné ma vie,
Un sacrifice pour que toi et moi
Soyons toujours en harmonie pour la vie.

Sur ta couche, tes secrètes douleurs
Usurpent ton doux sommeil réparateur,
Raflent toutes tes bonnes valeurs…

Loin de tes inquiétudes je t'appelle…
En ce moment un petit peintre peint ton visage.
Au moment où tu gémis ; il sent tes plaintes,
Il utilise mon don pour façonner ton âme…

Tu représentes à ses yeux un jardin d'orchidées
Et ta magnifique beauté émeut sa petitesse.
Tu es une fleur tellement d'une rare espèce
Qu'il développe un sixième sens
Malgré la fiabilité de son talent.

Mais à cause de ton refus de te mettre en lotus,
Il ne parvient pas à décrire ta singularité…
Tiens ! Les souvenirs heureux de ses jours passés
L'incitent à te colorer en tant que son « Hibiscus ».
Enfin il se félicite et dit : « le jaune » !
Nuance apportée afin qu'il te trouve,
De cette image il court après ta rareté…

Lorsqu'il te verra porter cette couleur
A ce moment précis il viendra vers toi,
Moi, je lui ferai voir le jaune sur toi
Aux éclats de cette couleur son hibiscus brillera.
Il s'approchera de toi alors avec humilité…
Ne le crains pas ! C'est moi qui l'ai dirigé…

Mon art de t'aimer

Je n'étais qu'un vulnérable garçonnet
Quand pour la première fois, j'ai pu lire
Dans ton doux regard, une poésie lyrique,
Une passion qui a vibré tout mon intérieur.

Je grandissais avec un seul espoir,
Celui de voir le jour où s'éclatera
Ce grand amour qui me défia…

Méditant que ce ne fut pas un hasard,
Je suis resté fidèle à ton regard
Sans jamais oser ouvrir ma pensée,
Pour ne pas m'écarter de ma destinée.

Ainsi toute l'évolution de mon enfance
Est l'œuvre enfantée de rêves utopiques,
Qui m'a mis en attente de ta venue
Que ma conduite toujours affleure ta cadence.

J'ai voulu être peintre pour dessiner
Ton corps, ton sourire et le feu de tes yeux.
Oui ; je voulais te donner la vie
Dans mes éventuelles peintures…

Comme un musicien, j'écris les paroles
De tes chansons qui hantent ma solitude.
Et fredonne ta voix qui hurle
A tout instant dans ma tête…

J'ai voulu être diseur, écrivain
Pour m'enrichir de ton recours ;
Et que dans mes discours,
Ne parlant que de ton divin…

Bien que je ne sois prophète,
Peintre, musicien ou diseur,
Mais je deviens poète
Pour mieux mériter ton cœur…

Or dans chaque regard, tu es recherchée,
Puis dans le corps de toutes transitoires
Afin que je sois réellement ton protégé.
Que tu me viennes vite, car j'attends encore !

Sans toi

Toi que je cherche depuis longtemps,
C'est en toi qu'est caché mon trésor.
Vivre sans toi c'est me faire rafler ce trésor
Or loin de toi, je ne tiendrai pas très longtemps.

Je pourrais ne plus te chercher
Si comme toi j'avais le choix,
Mais si je persiste à ce que tu sois
Ma confidente, mon chagrin mouillé,
Crois-moi, tu t'enivras d'une parfaite joie…

Pour toi je concrétise en moi tes rêves d'enfance,
Je cicatrise ton idéal dans mes fibres nerveuses
Et je m'emplis de bonheurs à t'attendre avec patience
Car avec toi ma vie est bien meilleure et prodigieuse.

Femme-fleur

Femme-fleur de mon cœur,
Attirée par mon élégance,
Arrosée du charme de ma prestance,
Réchauffée par les ondes de ma chaleur.
Oriente-moi vers tes désirs,
Laisse-moi me griser de tes loisirs,
Et je serai l'autre moitié
Qui complétera ton cœur tout en entier.

Mon rêve

Sur ma peau la brûlure du soleil
Obéit à tes vœux hermétiques
Les plus onctueux pour me mettre en éveil.
Elle est vraiment une caresse bénéfique,
Imaginative que tu me donnes
Le matin pour me réveiller.

En marchant, je te sens,
Tu œuvres en moi constamment
Et où que j'y aille, tu éclaires mes pas.
Pourquoi en être lassé ? Tu me tends le bras,
Vers toi je me rends, t'es mon horizon…
T'es le crépuscule que j'admire dans mon coin.

La nuit est un océan prospère
Au fond duquel mon trésor prolifère.
Le firmament m'apporte ta plénitude,
Un brin d'amour et de béatitude
Nichant dans mon cœur un chant joyeux
Émis par ton aspect mélodieux…

La voûte des cieux s'ouvre quand je te recherche,
Elle t'enveloppe avec moi quand je te retrouve
Afin de nous offrir ce béat que Dieu nous a promis.
Intérieurement je suis fou d'allégresse
Et je m'en réjouis de t'avoir choisie
Car déjà je me sens plongé dans ton ivresse…

Tu es une fleur volante

Plus je pense à toi moins je sens mes afflictions.
Aussitôt que je pose ma tête sur mon chevet
Une douce rêverie me livre dans tes passions :
Tes blanches fleurs plumeuses me décrivent un oiselet.

Voyons ! **Tu es l'oiseau rare**[1] que j'ai tant attendu.
A vol d'oiseau[2] mon chemin a été tracé,

Nul sillon n'est comme le tien, mon oiseau de nuit.
En tant qu'un **oiseau sur la branche**[3] tu m'as aidé,
Sans argent et sans toit, je ne crains rien car je t'aime.
Même quand une fleur qui vole est une vaine illusion,
Dès mon réveil je partirai fastueusement à ta rencontre.

---

[1] **Tu es l'oiseau rare**
Personne douée de toutes les qualités requises.
[2] **A vol d'oiseau**
En ligne droite
[3] **Oiseau sur la branche**
Se trouver dans une situation précaire.

Je te trouverai

Dès mon plus bas âge
J'explore tout paysage
En quête de ton doux visage
Afin de te faire hommage.

Avec tant de tendresses
Je te cherche sans cesse
Et même dans mes rudes faiblesses
Tu te présentes comme une Déesse.

Sans jamais céder par lassitude
Je déploie toujours une attitude
Conforme à tes pensées de servitude
Qui m'emplit tant de certitude.

Chaque jour qui passe m'approche
Davantage vers toi sans relâche
Je te sens tellement proche
Ta pensée point jamais ne me lâche.

Tu confonds ma pensée à la poésie,
Je me demande si je pense à la vie
Quand sur terre, je vis en harmonie
Et ceci c'est que tu élèves mon esprit.

Donc un bain de tes désinvoltures
M'oblige à me plonger dans ta nature
Et de produire une littérature
Capable de me donner droit à ta culture.

Chapitre Deux

La rencontre

Ma prière

Ange du ciel et de la terre,
Me voici en martyr,
Prosternant devant toi,
Fais de moi un tendre amant.
Regarde de près si l'amoureux que je suis,
Eût assez de bonheur pour mériter ton cœur ?
Dans ma torpeur je ne veuille que ton ardeur,
Alors ma bague à ton doigt scintillerait de mille feux…

Accepte de me libérer de ce fardeau, ô toi que je prie !
Je cherche en ta sensibilité, un abri pour cacher mes mots.
Réponds donc à ma prière et délivre-moi de mes maux
Pour qu'un sens puisse être donné à ma vie.

Ta venue

Merveilleuse et tendre créature,
Auras-tu donc décidé de commencer notre aventure ?
Respire bien cet air si doux qui m'enivre.
Dans mon livre vert était déjà annoncée ta venue.
Infiniment dès que je t'ai vue, je me sens revivre.
Je goûte en te parlant le plaisir le plus doux
Et je reconnais dans ta voix ce que je ressens dans mon âme.
Une douce amitié qui console mon âme et me charme
D'une flamme nouvelle á l'attente du bonheur de mes jours.
Y réfléchir sans le désirer c'est m'offenser.

Ma solitude devra être la preuve que je t'attendais ;
Au moins j'ai pu la maintenir jusqu'à te trouver.
Retrouvailles que toi-même astucieusement exaltais :
Souvenirs que personne d'autre ne pourrait te susciter.
On parle une même langue, celle de la pensée.
C'est à cela que mon âme te reconnaît,
Te chérit et te veut, et désire vraiment t'enlacer.
O amour ! Que mon aveu soit un bracelet
Bien apprécié qui animera ta beauté infinie !
Rappelle-toi toujours ce que te dit mon silence
Et souviens-toi de ma voix quand je me renie.

Ma poésie…

Si ton enfance t'a rendue velléitaire[4]
Un moment avec ton légendaire fera taire
Récits que disent ceux qui pensent tout savoir.
Tu deviens une main de fer dans un gant de velours[5]
Au moment où tu as goûté de mon humour.

Bon sens ! Le chemin serpenté vers la jouissance
Est plein d'hypocrisie, d'embûche et d'ignorance.
Crois-moi ; je ne serai là que pour te guider,
Aucune pierre ne t'atteindra tant que ma pensée
Naît à ton véritable amour qui amplifie ma romance.
Espère intensément en la plénitude de ma providence !

Emoustille tout sur ta route par ta couleur
N'agis que pour jouir des doux plaisirs que tu offres
Réjouis-toi encore en mangeant de mes caresses
Ouvre-moi ton cœur pour y semer ma douceur…
Si t'es la rose qui m'incite à écrire des proses
Et bien ma chère, t'es la poésie que je compose.

---

[4] **Velléitaire**
Personne dont la volonté est faible et indécise.
[5] **Une main de fer dans un gant de velours**
Une autorité sous des apparences de douceur.

Mon jour et ma nuit se mêlent

La belle de mon cœur, as-tu compris ce sang répandu en ce
jour ?
Allons voir si ce sang humanitaire nous conduira à une vie
meilleure ?
Laisse parler ton cœur, fais confiance à ce jour. Réponds à
cet amour…
Écris-le sur ton cœur comme un vœu, de cette lueur naîtra
un aveu…

Vil garçonnet que j'étais avant que la nature t'ait mise sur
ma route ;
Aussitôt que je t'aie aperçue, je ne rêve plus, tout devient
tangible…
Nomade de naissance, je ne vivais que dans les nuages
auréolés d'étoiles ;
Et en bon **bohémien**[6] je pouvais inoculer mes secrètes
douleurs à mon étoile.
Si mon jour se mêle à ma nuit, je suis sûr que mon étoile
brille pour toi aussi.
Si l'aveu que je susurre à l'oreille de mon jour m'est parvenu
de ma nuit,
Alors mon jour m'a infusé du sang pour que j'évolue
toujours dans ma nuit.

---

[6] **Bohémien**
Celui qui mène une vie nomade.

L'étoile de ma nuit

Vénus, toi qui m'éclaires !
Accorde-moi ton amour,
Nourris-moi de ta lumière,
Éblouis-moi d'amour…
Saisis-moi par tes rayons
Si tu vois que je chancelle,
Alors je luirai ton vermillon…

Par ton éclat je serai beau comme un astre,
Aucun lumignon ne m'écartera de ta lanterne.
Ultérieurement de toute source ponctuelle
Laissée par tes sillons, je te serai fidèle…

L'amour m'appelle

Vallée de rêves humectée de tes lèvres.
N'est-ce pas un rêve enfanté par la fièvre ?
Comme une eau fraîche, ta parole pénètre en moi
Me frissonne… et me réchauffe de ce froid.
Plus verdoyante qu'une beauté tropicale,
Elle m'invite dans ton jardin créole.
Et comme roucoule une tourterelle,
J'écoute ta voix qui m'attire vers elle.
Ah ! Pourquoi me ravit cette image ?
Il aura fallu être un mage
Si de toi me vint ce sourire gracieux
Pour être accueilli dans un tel silence religieux ?

Tu es un livre ouvert

En un clin d'œil déjà j'écoute ta litanie,
Ce chapitre de ta vie est une surprise
Que je prospecte pour apprécier la vie.
Tout en toi suscite en moi de la convoitise
Et ceci pour mieux t'offrir un beau sourire,
Afin que dans le tien se reflète tout mon désir.

Ton généreux regard aussitôt renouvelle
Une étrange sensation qui nous unit
Et qui exige la survie de ce lien.
Ceci se veut que la nature
Me donne ta vie comme aventure.
Et de telle assurance, tes **phéromones** [7]
Rendent dociles tous mes sens.

---

[7] [1]**Phéromone**
Sécrétion organique volatile qui constitue un signal odorant.

La venue de l'heure

Vers toi je me suis rendu ce soir où tu faisais du vélo
A l'endroit où la situation de ma vie deviendrait mélo…
Ne navigue pas seule prends-moi pour être ton matelot !
Ensorcelle-moi de ton amitié,
Déracine-moi de mon passé…
Sens ma douleur, puis revigore-moi de ta paix
Et vivifie mon imagination de tes nobles attraits.

Ne prends pas débile si j'avoue que je t'aime.
J'ai le sang chaud et le temps ne m'appartient pas,
Le temps ne m'appartient pas et ce soir-là
Je t'ai mise au pas à trop vouloir défier ta flamme.

Libère-moi !

Prisonnier de ton amour depuis l'enfance
Ramène-moi à la raison si la sentence
Me destinant ne peut être que délivrance.
Hanté par le besoin de trouver le réconfort,
Incessamment je me fais de la peine,
Et de ma passion, ma séquestration te sert
De rançon pour que tu sois sereine…

Ne me traite pas de farouche narcissique,
Tu vois déjà combien tu me donnes la trouille…
Et ma force, et mon cœur par le temps tout se rouille.
Misérablement je perds toute mon aisance
A espérer ta clémence pour me libérer de la souffrance.

Au surplus de la sujétion que tu me tiens,
La vague de ton emprise à tout instant me revient
Et je respire que la brise provenant de ta sphère.
A maintes reprises tu t'amuses à être en colère
Oh ! Ne me laisse pas mourir dans un tel désespoir,
Vivre pour toi est mon seul espoir.

Fleur de printemps !

Fleurs aux doux pétales
Rayonnés de sépales, à toi
Souffle ce vent haussant le son,
Ouvre-toi en ce jour naissant !

Aujourd'hui et toujours
La pluie sur tes feuilles
Fera éclore une merveille.
Regard sur toi que portent tous
Emplira ton cœur de sérénité
D'amour, de joie et de bonté.

Jardinier de ta plante

Depuis peu, serviteur de ta seigneurie,
Je suis devenu fleuriste de ton jardin.
Je me lève tous les matins
Pour accomplir mes minauderies.

Voici que ta plante grandit en moi
Avec mes soins les plus affectifs,
Comme ma foi grandit en toi
Soigneusement d'un air pensif.

Dorée et verte que jamais,
Elle porte le nom de femme.
Alors c'est de ton mets
Que se rassasiera mon âme.

Que ta corolle symbolise
Notre prochaine vie juvénile
Comme doit émerger ta mélasse
Cachée au fond de tes racines.

Mon cœur le poète

Vaillamment je guette tes folles amours dans mes nuits ;
Et au-dedans de moi je perçois la courbe que suit mon sang,
Ne cherchant que les lignes sinueuses que font mes artères
Pour irriguer mes doigts qui dessinent mon aveu sur ce
papier.
Sans ta pensée mon cœur réagit guère devant toute autre
beauté ;
Si je ne prends pas la plume pour agir sous la dictée de mon
cœur,
Mon âme sera menacée des ténèbres de la mort par ta
divinité…

Pourtant partout ton bel amour
Me protège des vents impétueux
Qui essaient de troubler ma sérénité.
Mon extase est le silence qui retentit
Chaque fois que me viennent à flot
Les mots de mes maux si beaux…

Mon jardin

Tu es une verdure couverte de nuage,
Aspergée de gouttelettes de rosée
Aromatisée de parfum floral
Et tamponnée de conifères,
Un jardin de rêves caché dans tes sphères.

Ta brume m'a tant inspiré
Et je viens apprendre à t'aimer,
Toi, la nuée de mes soirées…
Rémunère-moi de ton ardeur,
Laisse-moi jouir de ta couleur.
Ainsi je te couvrirai de bonheurs.

Les âmes fortes jamais ne s'affrontent

La fusion peut être trop sensible
Mais elle n'est pas impossible.
Il suffit que l'air ambiant soit paisible
Pour que la symbiose devienne possible.

Matin comme au soir
Sans foi ni loi
Dans le froid ou dans le noir
Il faut que l'alliance soit.

Une chose est de rigueur
Pour que la complexité de l'heure
Ne diminue pas la chaleur
Que propage une telle ferveur.

Il faut bien comprendre la file
Des préceptes de celui qui l'érige,
Afin que sa colère ne nous fustige
Car toute précipitation est inutile.

Te voilà enfin

Franchement, tu deviens Femme
En franchissant les limites de ton âme.
Revenir à me faire signe de vie est un souffle
Que tu insufflas dans mon âme
Au moment où je m'apprêtais à offrir
Mon cœur à d'autres femmes…
Ni moi, ni personne n'oserait
Imaginer une telle flatterie,
Carrément tu pénètres ma vie
Sans même me demander mon avis
Et tu me revendiques un mot…
Et en moi est ressurgie la nostalgie :
Ta présence lors de mon enfance,
Ton sourire illuminant mon adolescence
Tes caprices, tes généreux regards,
Tes charmes sans fin, tout dissipe ton absence ;
Et te revoilà l'heureuse Femme
Qui veillera sur mon cœur en défaillance.
Fêtons, mangeons, enivrons-nous du bon vin,
Amusons-nous sur tout le chemin ;
Mais… soyons intègres
Afin que l'œuvre de nos mains
Prolifère notre lendemain.

Chapitre Trois

La baignade de ma muse

Ma muse m'est apparue…

Très souvent je perds toutes les facultés de ma volonté,
Comme si j'avais été réduit à l'esclavage
Attendant la venue d'une âme par qui je serais libéré.
Je marche çà et là parcourant tous les villages,
Je fréquente tous les milieux sociaux pour connaître
L'identité de cette muse qui me fera renaître.

Je fais du tourisme dans différentes cultures,
Afin de m'accorder à son effervescence.
Je m'arrête devant toutes les devantures
Pour apprécier la beauté de son efficience.
Je pénètre toutes les assemblées religieuses
Pour découvrir le rituel du Dieu qu'elle épouse.

Quand une jolie fleur est assez belle, son âme l'habite
Pour que je lui communique mon bonheur.
J'admire sa beauté à travers cette jolie fleur,
Et j'entends sa voix dans ma pensée qui me parle.
Mais fleurs et fruits, tout n'a qu'un temps ici…
Et je n'ai jamais cru l'amour irréprochable et infini.

Fils des ténèbres, grandi dans la solitude, rescapé de la
misère,
Être aimé d'une âme étrangère serait un cadeau des Mystères !
La fleur qui jadis émane l'odeur de cette âme sœur,
Me confie le secret qu'elle cache derrière sa couleur :
Suivre la voie du destin qui me conduit dans mes nuits
Sans peur ni chagrin car de sa lumière, je m'instruis…

Que je le sache, aucune fleur ne m'a jamais été indispensable
Quoi que mon extase à l'égard de toute finesse soit impeccable
Ma petitesse face à la nuit noire me rend apte à vivre
l'amour
Que de me nourrir d'ambroisie et du nectar des fleurs du jour.
La nuit je flotte et je flâne au fil des caresses de ma prière,
Et avec ses douces mains, chasse loin de moi mes chimères.

A la muse

Femme de lettres, toi qui as su me fortifier par la foi
Examine ces mots que j'écris pour sonder mon esprit de loi.
Traite-moi comme celui que tu as toujours voulu près de toi !
Si je vacille ; au lieu que tu m'abandonnes, hypnotise-moi

Ne te fie pas à l'apparence de ma teinture mais mon cœur.
Appelle-moi par tes vœux silencieux…
Lève-moi après la lecture de mon aveu.
Sache que je suis féru[8] de ta douceur,
Réveille-moi si la réponse du bonheur que j'attends,
Sortira de ta bouche pour m'accueillir dans ton monde
Comme poète, ami, époux et amant.

---

[8] **Je suis féru**
Qui s'intéresse avec enthousiasme

Le temps d'aimer et de grandir

Si être souffrant pour un malade est une peine extrême, pour un passionné au contraire, c'est un signe véritable de bonheur. A cela ; j'en déduis que tu m'aimes si tu me fais souffrir. Et moi aussi je t'aime plus que tout… Promets-moi une chose que je désire ardemment et ne me la refuse pas : Donne-moi les vingt-quatre heures de tes yeux, Les mille quatre cent quarante minutes de ta voix, les trois cent soixante-cinq jours de ton sourire ainsi que celui de l'année bissextile et les quatre-vingt-six mille quatre cents secondes de tes divines amours. En récompenses, je t'apprendrai à connaître les dieux, leurs oracles ; la sagesse et une éternelle vie en amour.

Avec toi

Avec toi j'ai trouvé quelqu'un qui m'accepte comme je suis, tout en m'aidant à devenir une personne plus heureuse et épanouie. Avec toi, je trouve du réconfort et du soutien quand j'en ai besoin. Avec toi, je me sens protégé mais en même temps libre de grandir. Avec toi, je vis de petits bonheurs tous les jours. Tu transformes chaque seconde de ma vie en moments de joie. Avec toi, je suis moi-même. Avec toi, j'ai trouvé ce que j'estime avoir recherché toute ma vie…

Le mystère de ma passion.

Je ne cherche pas à ce que tu m'aimes, je ne te demande non plus de m'aimer car je suis aimé de tout le monde et même de mes ennemis. Cependant, je cherche à ce que tu sois là pour moi ; J'aurais tant voulu te voir auprès de moi comme ma muse. Oui, j'ai tant souhaité que tu sois mon guide, ma gardienne et le reflet de mon âme. Tout cela, parce que je t'aime ! Mais comment cet amour peut-il être vrai quand je ne peux pas effleurer ton image ? Comment veux-tu comprendre mes désirs les plus subtils quand tu es privée de mes demandes mimiques ?

Dès fois, tout autour de toi se promène un regard pur et caressant, il m'arrive même de te brûler avec les flammes de mes yeux. Quant à mes lèvres, elles t'invitent à un baiser sans fin, l'as-tu remarqué au moins ? Même le rythme de ma respiration te faire dire de venir te pencher sur ma face afin de connaître le sommeil le plus doux. L'amour que je ressens pour toi est peut-être un mystère ou une bêtise… mais une douce bêtise dévoile toujours un mystère, et oriente celui qui se perd sur le chemin épineux de l'amour.

Ma déchirure, j'ai la liberté d'aimer plus d'une femme, mais toi, tu guètes mon cœur à nulle autre pareille. L'amour est tellement fort, je ne puis te l'exiger si tu ne le comprends pas. Ce n'est pas pour t'avoir dans ma vie que je me bats, mais pour que tu brilles aux yeux de tous, afin que ta lumière éclaire mes pas. Si dans ce cas tu sens aussi ce que je ressens au plus profond de mon être sans que je te l'aie dit, alors tu es vraiment celle que j'attendais. Si tu veux te battre pour défendre ce destin qui m'a fait concevoir une vie, alors je serai toi et tu seras moi. Si tu penses pouvoir satisfaire ce que je traîne derrière moi depuis toujours et qui a fait de moi ce que je suis, alors c'est toi ma muse… Si tu penses à moi comme je pense à toi, si tu me désires comme je te désire alors que je sois la couverture qui te réchauffe. Que ma présence soit ton miroir. Mon bel amour ! Que mes caresses soient ta nourriture…

Ma parole est véritablement évidente tant que tu m'animes, elle ne doit pas t'intimider… Je ne puis ni te causer de la peine, ni te demander de m'aimer. Bien au contraire, ce qu'il te faut savoir, tout prétentieux que ça puisse paraître de ma part, c'est à quel point je désirerais venir me prosterner à tes pieds devant ta gentille et tendre mère afin de lui quémander ta main, car je t'aime et je veux t'offrir la flamme de ma passion.

Si c'est toi !

Dans ma solitude j'ai tant laissé couler mes pleurs, mais la sensation que tu es mon âme sœur m'emplit toujours tant de bonheurs... Et, la nature à mon humble avis, agit beaucoup plus à ton avantage que le mien. Ce que je reçois d'elle, c'est une acuité spirituelle et ésotérique. Toi par contre, tu reçois non seulement ce qu'elle t'a réservé mais aussi ce que je lui commande de te donner. Tu te persuades que je n'ai pas les pieds sur terre quand une parole est sortie de ma bouche ! Dis-moi si c'est parce que je parle de mon obsession avec trop d'aisance que je vis dans les nuages. Vois-tu, si je me cache derrière ma plume pour que mon cœur s'extériorise, c'est parce que l'amour est trop merveilleux pour que je le réduise à des mots volatils.

Je dois vivre pour écrire et comme j'écris donc j'ai vécu, et en écrivant, je vis l'amour... Je ne cherche qu'une pincée de bonheur dans tout ce que j'entreprends et surtout lorsque j'ouvre la bouche afin que tu décryptes ma pensée, ma foi, mon amour, mon espérance et ma vie. Il te faut comprendre que je ne suis rien sans ma pensée. Si la femme qui m'aime ne l'interprète pas, je serai malheureux toute ma vie. Qu'elle se soit diffusée à travers tes paroles...

Je cherche à conserver mon bonheur et, ce bonheur n'est ni dans la richesse, ni dans une belle maison, ni dans une belle voiture, ni dans ce qu'on a appris à l'école mais tout simplement dans l'amour. Si c'est certes toi qui es ma muse, mon âme jumelle, ma Déesse, alors sauve-moi de ma solitude et, guide-moi où que tu le veuilles pour avoir choisi d'intensifier mon bonheur : « Le Bonheur, c'est vouloir, c'est concevoir, c'est vouloir être heureux, c'est projeter à l'intérieur et à l'extérieur de soi cette lumière intérieure qui nous inonde. Le bonheur se partage, le bonheur se répand autour de chaque être qui en a conscience et qui le désire. »

Quand je pense à toi !

Toi que j'aime, toi que je cherche, toi que j'attends, tu ne peux pas savoir combien je suis heureux quand je pense à toi. Je suis toujours souriant et des fois, j'ai comme l'impression que mon âme s'élève jusqu'au ciel. Si on me demande pourquoi je t'ai consacré toute ma vie ; je ne pourrai pas y répondre, car je ne saurais pas vivre sans t'aimer. La vie devient plus facile quand je pense à toi. Il m'est impossible de te dire ce que j'ai souffert et ce que je souffre quand tu ne penses pas à moi. Maintenant mon amour, fais un effort.

Raconte-moi tes joies, ta peur, tes souffrances et tes inquiétudes. Tu n'es pas seule. Où que je sois, c'est à toi que je pense… Parle-moi de nous ! Parle-moi d'amour. Et de ce long silence, puisse enfin sortir de ta bouche ce mot qui retentit jusque dans le ciel même, ce mot, le mot des dieux et des hommes. Ce tendre mot, si mou et si froid qui fait verser des larmes et des larmes ; dis-le-moi ma chère bien-aimée. Aucune autre parole ne peut résonner mieux que le son provenant de ce mot magique.

Dans la transparence de cet amour

Quand je sens sur ma peau une douce brise légère et quand j'entends le bourdonnement des arbres mes surtout l'entonnement des sapins : c'est comme si j'écoutais ta douce voix qui me chante une mélodie d'amour… Cependant quand je veux par mon sens de l'humour rendre pareil à ta voix mélodieuse, on me considère comme un fou. Est-ce que réellement je perds mon sens ? Est-ce vraiment je suis hanté par une vaine folie quand tu es réellement chair de ma chair et l'os de mes os ? Dis-le-moi pour que je consulte un psychiatre, qui, peut-être m'apportera une guérison contre mon opiniâtre. Mais si réellement je le suis, aucune médication ne pourra me guérir sinon que ton grand amour : Une dose de ton bel amour à chaque demi-heure sera assez efficace pour calmer tous mes nerfs. En revanche mon amour, si je suis loin d'être un fou, alors je ne fais que contempler ta magnifique beauté à travers cette belle nature qui m'environne.

Mon âme jumelle, si je peux entendre ta voix au ramage des oiseaux dans les arbres ou quand elle déborde au ruissellement des rivières ; si quand est soufflée une brise légère, je peux sentir tes douces mains qui effleurent ma peau ; si à la lumière des étoiles, je peux admirer le feu de tes yeux ; si ainsi on n'a pas besoin de se voir aussi prêt pour manifester et jouir de ce bel amour. Si malgré l'énigmatique de ton identité et les obstacles parsemés sur mon chemin, je suis resté attacher à ce puissant amour. C'est que je te porte en moi, je te cherche en moi, je te suis en moi et je te trouve en moi.

Si je peux devenir nerveux voire très coléreux quand l'entourage dans lequel je me trouve ne correspond pas à mes goûts esthétiques, alors c'est un signe évident que tu penses aussi à moi. Et que je suis influencé par tes goûts, ta culture, ton grand amour et tes pensées personnelles. Ceci étant dit parce qu'uniquement on a une même pensée. Voilà pourquoi je me suis sacrifié en gardant mon cœur intègre. Oui, j'ai tremblé de rage toutes les fois que mon cœur était menacé. En moi je t'ai gardée, en moi je t'ai idolâtrée, en moi je t'ai chérie et en moi je t'ai bercée…

Ma Bien-aimée, merci de me procurer tant de bonheurs. Que mon vœu, ma pensée, soit que tu viennes à moi au lieu de m'attirer vers toi ! Et voici nos enfants seront fiers de nous et ils se modèleront de nous. En revanche, ma joie, mon bonheur extrême surviendra au moment où je sentirai ta passion, quand tu auras chanté ton nom tout bas pour me bercer au moment où ma vie s'achèvera.

Ma pauvreté déguisée

Au paroxysme[9] de ce sentiment, je me demande que faire. T'aimer comme t'écrire est ma raison d'être, et t'aimer est un combat permanent quand l'apparence dans laquelle j'évolue est trompeuse. Je n'ai pas besoin que tu me rappelles le degré de ma pauvreté, je suis conscient que je suis privé de tout ce qui vient de ton monde. Mais, qu'est-ce que cela peut valoir quand je t'aime intensément ?

Si je n'avais pas connu la pauvreté, je ne me serais jamais approché de toi ni je ne t'aurais déclaré mon aveu, car tes sœurs n'allaient pas me donner le temps pour découvrir la profondeur de l'amour ; et elles t'auraient privée de mes attraits… Voilà que la plénitude de ton amour m'a rendu pauvre pour que je sois fidèle à ta rareté, toi au contraire, tu es restée perplexe. Mais moi ! Plus je t'aime, plus mon âme se veut être pauvre, c'est grâce à cet état impécunieux que je t'ai trouvée dans l'univers de ma solitude. Dis-moi si tu as déjà rencontré un pauvre comme moi dans cette vie avec tant de joies et d'espérance ? Tu dois savoir que le manque des choses ici-bas ne me trouble point puisque ma foi dépasse tout ce que je pourrais me procurer. Et d'ailleurs, ma vie n'est pas conditionnée aux choses matérielles. Ma richesse à moi demeure en notre amour, je la porte en moi où que je vais… et c'est de cela je veux que tu en prennes conscience…

---

[9] **Paroxysme**
Plus au point d'intensité de quelque chose.

Toi et moi, une machine biologique

Je ne sais pas pourquoi tu t'alarmes tant. Tu agis comme-ci c'est toi qui fais tout, et que ma présence ne t'apporterait rien... Tu serais insensée si c'est ainsi que tu penses. Ne t'avais-je jamais relaté quelle richesse nous avons hérité de notre destinée ? La fortune que notre destin a mise à notre disposition, je ne t'en ai jamais parlée !

Viens dans mes bras, afin que je te réconforte. Point besoin de nous lamenter de notre avenir... Notre vie est comme une machine biologique, elle est bien régulée par celui qui l'a conçue. Chaque jour, les transformations qui doivent y être produites, dépendent entièrement de sa volonté. Et d'ailleurs, toutes les circonstances de ma vie sont comme des échelons qu'il a placés autour de moi pour me faire monter jusqu'à Lui.

Tout arrive pour une raison, Rien n'arrive par hasard ou au moyen de la bonne chance. La maladie, la blessure, l'amour, les moments perdus de vraie grandeur et de stupidité véritable tout arrive ; essayer les limites de notre âme. Sans ces petits tests, la vie serait comme une route facilement pavée, droite et plate qui ne mène nulle part. Les succès et les ruines que nous éprouvons peuvent être crées par nous, et les mauvaises expériences peuvent être apprises de nous. En fait, elles sont probablement l'une des plus poignantes et importantes. Et parfois les choses nous arrivent à un moment qui peut nous sembler horrible, pénible et injuste, mais dans le reflet ; nous nous rendons compte que sans surmonter ces obstacles, nous ne nous serions pas rendu compte de notre potentiel et de notre force.

A la sainteté de la Muse

Dis-moi si tu me vois insensible à ton charme ; mon doux soleil c'est bien toi ! Avais-je été resté indomptable quand tu savais me baigner de ta lumière ? Ne me fais pas la tête ! Si notre amour réciproque c'est la souffrance aiguë, hâtons-nous de la vaincre, elle est notre aventure. La vie pour moi sans ta présence est une douleur sans fin... Nul autre breuvage que le chant de ta voix ne peut me rassasier, le savais-tu ? Dorénavant, tu auras appris que je vis de l'essence imaginaire de ton existence. Mais si j'ai l'air malheureux en ce jour au nom de ton silence ; rappelle-toi uniquement je serais épargné de ma souffrance si tu avais entretenu l'inclination de ma patience lors de ton absence. J'ai toujours affirmé que ma demeure c'est l'amour. Et, elle réside en toi ! Ris si tu veux, elle t'y habite ; c'est peut-être fou mais c'est merveilleux... Range-toi auprès de moi et tu verras combien d'un sentiment ta foi inventera un lien. Déjà par un simple appel inattendu voici je me sens proche de toi et même trop près de toi. Unissons-nous avec intention de construire notre destinée, c'est donc instituer cette sûreté pour que nous allions vers une nouvelle vie embellie de surprise. Non pour être loin l'un l'autre, mais Réunis côte à côte afin que la joie émerveille tout notre être, divinise l'ardeur de notre enveloppe, intrigue notre élan et nous cajole. Alors ce Saint baiser que j'attends au jour que tu le sens, est la seule satisfaction qui m'emmènera vers mon Dieu en mangeant de ton fruit délicieux à l'hymen inspiré de ce vent...

Déesse

Guéris le mal terrible dont je me sens mourir.
Encore un mot de grâce.
Rends-moi ma joie vivace !
Imploré patiemment ta bonté de me secourir :
Souffrir, gémir sans cesse,
Modère-moi ma détresse
A l'espoir, je me sens renaître.

Près de toi je veux me rendre,
Immortelle beauté
Éminente créature aux yeux tendres.
Rien n'est plus admirable que ta volupté
Reine de la nature, ô puissante Déesse !
Et par toi, l'univers se reproduit sans cesse.

Rien n'est plus fort que ta beauté charmante.
Invincible amour qui m'enchante,
Combien de jours écoulés dans le silence ?
Hélas… Quelle souffrance !
Assure-moi mon bonheur accru.
Répare bien le temps perdu
D'amour et d'espérance.

Ma joie se complète

Mon cœur intègre se réjouit
De voir ta joie se complète
Quand tu enfantes ce « Oui »
Qui chassera mon incertitude.

Sans ces moments de silences,
Quelle méditation réelle
Me guiderait à la patience
Pour que jamais je ne chancelle !

Si j'hésite à nouveau
C'est que j'ai des sanglots
Cachés derrière mes beaux yeux
Qui submergent encore mon aveu.

Même si l'orage fait rage
Si vraiment tu prends courage
Pour défendre mon hommage
Tu poliras tout chantage.

La joie que tu me procures ma déesse
M'apprend à aimer le jour…
Voici je suis devenu amour
Pour avoir été guéri de ma faiblesse.

Et maintenant j'ai compris
Pour s'aimer il faut un prix
Que la nature détermine
La valeur quand on s'incline.

Un prix fort et haut qui vient
Quand on veut vraiment un lien
Pour partager la beauté
D'un sentiment animé.

Un sentiment qui dit tout
Par des gestes et des bravoures ;
Des faiblesses et des frayeurs ;
Des ignorances et des pleurs.

Un sentiment qui s'accorde
Pour que je donne mon aide
A ma plus heureuse épouse,
Qui deviendra ma tendre muse.

Au pays des lettres

Dans le pays où l'on travaille de nuit
Tu me rencontras et me proposas
Un emploi pour me nourrir de tes fruits
Moi qui pensai que personne ne m'aima.

Tu me fis entrer dans ton beau jardin
Évaluer l'étendue de ta richesse :
Je vis tes rochers couverts de naissains,
Ton sol désertique est un florilège.

Tu me conduisis dans ton lieu secret
J'y regardai et je vis sous ton arbre
Ta ruche en vermeil avec tes regrets,
Une colonie de coupe aux mille essences.

Soudain je compris je suis ton fermier
Tu me cherchas pour cultiver ta ferme…
Qui te fit croire que je suis jardinier ;
Avec quoi arroserai-je ton sol aride ?
Tout le long du chemin pas une rivière
Ne serpente l'entrée de ton creuset…
Irai-je l'asperger avec ma prière
Afin que me vienne le paraclet ?

Je fléchis mes genoux, joignis mes mains ;
Et l'esprit me transporta loin du bruit
Me forma, mit une plume à ma main
Puis mes encres se changèrent en pluie.

J'abandonnai aussitôt ma famille
Mes amis ; ma patrie ; mes ambitions.
Ensorcelé, je me mis au travail,
Je labourai ton terrain d'émotions.

J'y creusai des trous, j'y semai mes maux
Je mêlai à ta terre ma passion
Il fit si beau que mes pleurs
Se transforment en admiration.

Chapitre Quatre

La continuelle promesse d'amour
de mon sourire

Femme !

Maternelle endormeuse qui murit
Et qui rend la vie plus tendre à vivre
Par le fruit de son sein qu'elle nous livre
Comme un arbre fruitier qui nous nourrit.

Sensible dans toute sa splendeur
Se donne sans réserve à qui elle veut.
Savoir l'aimer et la chérir chassant sa peur
Elle fera de l'être aimé son bienheureux

Point d'autre créature qui soit si identique
A la nature que la femme dans sa simplicité :
Attentionnée, envoutante et angélique,
Elle est une source de douceur et de charité.

Avoir derrière soi la Femme selon son cœur
Ne dépend pas du temps ni de la patience…
Elle arrive toujours quand on l'attend le moins
Pour répandre sans réserve le bonheur.

Livre-toi à cet élan

Après tant de réserves, aux apprêts de cet hymen
Le doute régnait et avait pollué ton aire
A force de fixer ton regard sans enchantement...
Murmurant si l'époux que je destine à être te rendra fière,
Feignant la véritable passion que je t'inspire tout le temps.
Imagine tu ne m'aimas pas obstinément,
Même avec mes nobles émotions ta vie serait un enfer...

Le bonheur trouvé en t'aimant me rend valeureux
Pour braver les méandres du chemin épineux
De l'amour où la joie inonde nos désespoirs.
Ne crains rien, car la vie ici-bas, un jeu illusoire !
Confie-toi en moi, et guéris-toi de cet état fiévreux
Par l'irrésistible amour latent en toi qui m'implore
Et qui m'attendrit, toi le poème que j'adore...

Enfin... nous voilà sur le point d'être en accord
La fervente foi, une offrande à l'ombre de ta pensée
M'enseigne à te comprendre mieux encore.
Et me surprendre par cet élan spontané,
Tu inventes les délices de l'amour à ta manière
Et tu enrichis mon ciel des étoiles de ton univers.

A l'ombre de l'heureuse élue

Tes yeux me brûlent encore de leur flamme et j'ai le bonheur dans l'âme. Tu es jeune, tu es belle ; tes yeux sont des merveilles. Tu es pieuse et ravissante ; tu as la peau douce... même ta voix est comme le chant du rossignol. Tes cheveux sont comme un amusement de ton amour. Ton sens de l'humour est un remède capable de guérir ma maladie. Ta douceur me rend si sensible et ta violence me rend encore plus affectif. Ta beauté radieuse, ta grâce agaçante, ton esprit si fin, ton charme divin tout séduit en toi. Toi dont le feu de l'amour éclaire mes sentiers ! Que le jardin secret de ton cœur soit le siège de mon amour, le coffre-fort où j'ai placé toutes mes affections...

Je me nourris de ta bonté en prenant soin de ton jardin. Je n'ai plus besoin de me cacher pour que tu me régales de tes affections, le monde sait que tu es le thé, le café, le chocolat qui me fait transcender. Plus je te bois plus me vient ton divin ! Alors si je laboure c'est que tu es ma vie, et tant que je vis tu seras nourrie des petits mots que je dis tout à coup et qui donnent vie. Je fabriquerai les petites minutes de l'amour, je les créerai avec mon esprit et ma voix. Je prendrai soin de toi et je te rendrai heureuse avec mes regards, mes rires, mes écrits, ma passion et mes caresses tous les jours. Et tant qu'il y aura du papier... tant qu'il y aura de mine... tant que je pourrai tenir ma plume... tant que je pourrai contempler la flamme d'amour de ton cœur, je réaliserai la magie des mots qui nous attache pour nous préserver des maux de la vie. Oh quel monde merveilleux tu vas bâtir ! Un grand vide que la nature te donne de remplir… J'ai appris à parler ta langue, à aller devant toi. J'ai retenu tous les mots durs que je pourrais dire quand j'avais raison, afin de ne pas t'offenser. Réjouis-toi pour que tu continues à m'aimer et qu'à deux, nous suivrons notre chemin de Bonheur.

Ma vie est un véritable édifice inachevé qui n'attendait que ta venue pour devenir l'œuvre finale. Je n'ai pas de présent sans toi mon amour ! Si tu n'étais pas là comment pourrais-je survivre ? Ton corps est le temple que ma « Muse » se sert pour mettre fin à mon amertume, ta plénitude me suffit pour que j'exhale ta providence autour de moi…

De ton calme et de ton recueillement, lave-moi complètement, et je serai plus doux que le miel. Purifie-moi pour que je sois libéré des fautes de mon passé. Mes pleurs m'ont servi d'encre pour écrire les mots d'un secret dont ma bouche parlerait. Mes larmes que tu sens couler à maintes reprises quand je suis en face de toi c'est l'eau que j'utilise pour que tu me baptises. Ma voix tremblante que tu entends est le signe de ma détresse… Mes lèvres sèches dévoilent combien je soupire après tes salives fortifiantes. Mon silence témoigne que personne ne m'anime si ce n'est toi que j'aime.

J'irai dessiner les racines de cet amour à mon fils : Je lui apprendrai tout ce que tu m'as fait vivre. Je lui dirai combien tu m'as fait pleurer, mais malgré cela je persistais dans ma folie. Je lui dirai que tu as toujours été : franche, élégante, ravissante, plaisante… Je lui porterai plainte également pour m'avoir privé de mon mets quand j'en avais besoin… Je lui dirai que tu es une fleur sans pareille, une beauté rare, un exemplaire en matière de sincérité. Mais je lui dirai aussi si je n'avais pas su tenir un crayon, je n'aurais jamais pu goûter à tes loisirs. Je lui dirai que je t'aurais rêvée sans jamais pouvoir te côtoyer. Il saura combien que tu as toujours été mon seul plaisir, ma seule passion…

Adieu mon passé !

Toute ma vie était sombre
Parce que j'évoluais dans l'ombre
Je ne saurais mesurer
Le volume d'encre versé
S'il n'y eût pas de papier.

Les papiers que j'utilise,
Le sol qui matérialise
La rareté de la nuit.
L'encre est puisée loin du bruit
Des silences qui jaillissent.

Tous mes parchemins me servent
De témoins pour que mon rêve
Soit connu et partagé
Avec celle dont ma pensée
S'harmonise sans tremblée

Oh ! Adieu ma belle petite Calla …
Longtemps depuis qu'on se bat
Pour un divorce forcé,
Voici l'heure est arrivée
Pour enfin me libérer.

Je n'ai rien précipité ;
Mon orchidée est venue me sauver
Parce qu'elle veut m'idolâtrer.
Souhaite-moi tes meilleurs vœux
Car déjà je me sens heureux.

Je te remercie sept fois
Pour toutes les fois
Que tu m'as guidé vers la foi
Et ne m'as point laissé froid
Quand j'étais contraint d'effroi.

Au jour de nos fiançailles…

Vers le chemin de l'apprentissage
Tout se dit devant notre entourage,
Nous irons franchir le grand **clivage**[10]
Pour finir notre pèlerinage.

Que nous ne supportions qu'on nous raille,
Soyons maître du champ de bataille.
Ce combat, le fruit de nos entrailles,
Nous le mènerons à nos fiançailles.

Avant que je t'offre ce mariage,
Je te proposerais un voyage
Qui te servirait de témoignage
En l'honneur de ce gage que tu t'engages.

Je t'emmènerais sur un paquebot
A la contemplation de mes mots.
C'est là que mon corps te sera offert,
Entre le firmament et la mer.

J'entonnerais cette mélodie
Que jouera le vent sur son passage
Comme un souvenir de notre jeune âge
Pour ne point oublier la symphonie.

---

[10] **Clivage**
Distinction entre catégories qui s'opère en fonction de certains critères.

Quand je t'aime, l'univers m'appartient.
Si tu m'aimes, je serai ton gardien :
Ton doigt sera orné de ma bague
Et jamais plus ma promesse ne vague.

Que tes affections soient un cépage
Que je sèmerais dans mon jardin.
La vigne qui produirait mes raisins
Pour la préparation de mon breuvage.

Épouse-moi !

J'ai accouché sur papiers tous ce que mon cœur me dicte, afin que tu ne gâches pas ta vie à un autre qui n'est pas moi. Même quand je ne gagnerais pas assez pour satisfaire tes besoins quotidiens, je suis convaincu que tu seras heureuse avec moi… Notre solitude à deux a sa propre raison d'être, il suffit seulement que tu croies à la providence et à l'amour dont mes mots font l'objet.

Que tu fasses de mon corps ton lit, de mes cheveux ton nid, de mes doigts ton peigne, de ma douceur ton règne. Que tu te douches dans mes larmes. Qu'elles te submergent pour que tes phalanges se remuent devant mes yeux. Aies la bonté de m'indiquer le chemin qui me mènera vers mon véritable bonheur, toi qui as la faculté d'interpréter tout ce que je ressens, tout ce que j'aime et tout ce que je repousse… Je te donne ma vie, je te livre mon cœur, et je m'engage chaque jour à te combler de bonheurs. Et toi… Serais-tu prête à me donner ta main. Épouse-moi, et partageons notre existence !

Ce saint baiser

Fruit de ma passion, tes tendres regards posés sur mon visage qui frémit... J'imagine déjà être guéri, par le goût de tes lèvres contre les miennes. Sucrées comme une fraise, tes salives épicées me fortifient... Riches en acide ascorbique, elles revitalisent mon corps de ses fonctions énergétiques et fassent que je rêve encore...

Maintenant et enfin, ma main caressant ta peau si fine fait de moi une déité... Et par ce petit geste qui dit tout, je me sens rassuré devant ta famille et devant tes amis avec tant de béats...

Même quand je serai tatoué d'une infinité de tes doux baisers à compter de ce jour béni jusqu'au jour où tes cheveux essuieront tes larmes en fredonnant mon nom tout bas, tout bas... afin d'amoindrir tes douleurs au jour où ma vie se sera achevée, ce saint baiser effleurant mes lèvres aujourd'hui est mon porte bonheur.

La villa de tes rêves

Avec ce véritable amour
Que j'achète notre demeure,
Une maison pour ton séjour
Avec une cour bien couverte.
Restaurée, elle est ce palais
Imaginaire que tu bâtis
Une fois que je bois ton lait.
Mais si tu veux je l'embellis…

Moi-même ; pour rendre clair ton rêve
On va monter le grand ménage,
Nuance qui matérialise
Tout ce que tu dis dans mon âme.
Antique soit-elle c'est ton désir
Générateur de mon vouloir.
Nous avons tout pour le plaisir,
Elle est vraiment un grand manoir.

Cèdre, ou acajou pour tes meubles ?
Hé ! Tu as toujours préféré
Acajou dans ton bon immeuble,
Le décor tu m'as insinué
En évoquant l'heure est venue.
Tu vois de toi tout évolue !

Pour aimer cette belle vie,
On a même une grande piscine
Intercalée à l'intérieure.
Si tu veux nager du dedans
Sans que le dehors ne te voie,
On jouira de notre bon temps
Nocturne comme des anges en fête.

Chapitre Cinq

Épreuve de vérité[11]

---

[11] **¹Épreuve de vérité**
Moment décisif

Moi, ton héros

A la conquête de ton doux visage je n'étais pourvu que de ma poésie pour me défendre et de l'inspiration qui me vient pour te trouver... Soudain je sens mon cœur exposé à une horrible épreuve qui semble vouloir chasser tout mon espoir... Un rival ! Pourquoi ce vent impétueux vient me troubler de ta vague de tendresse qui m'envahissait ? Te voudrais-tu servir d'un vain déguisement pour me cacher ta flamme ?

Je vis la vie de chaque jour avec ta constance en moi, tu es comme un sceau sur chacun de mes mots... Pourquoi cherches-tu de vivre enfermer dans un bagne comme tant d'autres femmes ? Et si un de ces hommes si peu nombreux... qui aiment l'amour... qui donnent du prix aux plus petites minutes de l'amour... ne vient pas les sauver dans cette prison... elles y végètent, elles y désespèrent, elles y enlaidissent et elles y meurent.

Je suis ton sauveur comme tu l'es aussi pour moi. Ne fais pas de résistance ! Laisse-moi te sauver en me sauvant. Délivre-moi de mes tourments en m'ouvrant la porte de ton cœur. Tiens ma main... Saisis-la de toutes tes forces, et laisse-moi t'enlacer afin que s'éclate ce bonheur qui sommeille en nous, tu n'as besoin que de mes charmes pour triompher de tous les cœurs...

Empresse-toi

Je ne puis plus longtemps attendre,
Un aussi grand amour ne peut trop se feindre.
Incessamment ton image m'obsède partout,
Tu m'entends soupirer, tu vois couler mes pleurs.
Au fond de toi, as-tu un cœur ?
Il faut que tu saches que t'aimer est ma boussole
Comment survivrais-je s'il n'y ait toi qui me consoles.

Venir me plaindre à tes pieds afin que tu me colores,
A toujours été le plus grand tourment que j'abhorre.
Les railleries inutiles que j'ai connues et affrontées
Me couvrent d'apitoiement et préservent mon image.
Es-tu vraiment l'âme sœur qui a parlé mon langage ?
Alors, ouvre-moi la porte de ma demeure éternelle.
Es-tu réellement la fine fleur[12] en vain j'ai tant recherchée ?
Alors, exhale autour de moi ton doux parfum si sensuel…
As-tu bien jaugé l'intensité de ce sentiment qui m'anime ?
Alors, prends ma main et conduis-moi vers mon repos.
Y a-t-il encore quelques secrets cachés derrière mes mots ?
Alors, empresse-toi auprès de moi[13] pour explorer mes mimes.
Et c'est là, tu verras commencer ta plus belle histoire d'amour,
Oui ; c'est là tu découvriras enfin la beauté de ce grand amour.

---

[12] **Fine fleur**
Le meilleur élément choisi parmi ce qui est le meilleur
[13] **Empresse-toi auprès de moi**
Se montrer plein d'ardeur à son égard.

Cet appel !

Ce jeudi soir, cet appel privé
Pour me rappeler l'autre qui t'aime
A chassé mon sommeil sucré.
Quel cauchemar pour moi qui t'aime !

Cet appel au grand jour béni
Jour de ma seconde naissance,
Ne me fait penser qu'à ce cri
Que je lance avec tant d'aisance !

Cet appel prophétique de toi,
Devait m'annoncer que ça va
Mais il me propose un combat
En érigeant ses propres lois.

Cet appel de ton émissaire
M'infuse encore de la gaieté
Pour que la sentence que j'espère
Fusionne enfin notre pensée.

Fais ce que te dit ton cœur !

Fuis tout milieu qui n'a rien à t'offrir,
Abandonne ta vie à ton destin,
Recherche en moi ton auguste médecin.
Advienne que pourra, il faut que tu brilles,
Même quand la contingence te ferait souffrir...
Ne crains personne pour plus jamais tu ne vacilles !

La raison de notre Len est plus fort que l'amour,
Tu es ma déesse, ma joie et en toi est ma muse.
Affronte cette peur qui t'annihile, use même la ruse
Pour éclipser quiconque se dresse comme des vautours
Autour de toi et enfin fais ce que te dit ton cœur...

Dis-le-leur

Dis à ceux qui t'aiment
C'est un millionnaire
Qui te fait la cour
Pour être ton recours.

Dis à ta tendre mère
C'est une fin poète
Qui guette ton cœur
Pour finir ton labeur.

Dis à ta famille
C'est un laborieux
Qui si bien te veut,
Tu jouiras de sa retraite.

Dis à ceux qui doutent
C'est un gentilhomme
Qui te prie sans cesse
Pour que tu sois sereine !

Dis à tes amis
C'est un philosophe
Qui t'écrit des strophes
Pour nourrir ton esprit.

Dis à tes condisciples
C'est de Christ un disciple
Qui t'évangélise
Pour que tu sois son église.

Dis à ceux qui t'envient
C'est ta foi qui agit,
Tu ne fais que croire
A la providence.

Dis à l'adversaire s'il t'aime vraiment
C'est un légendaire qui prête serment
Devant tous les êtres visibles et invisibles,
Afin de partager avec toi une vie indivisible.

Pourquoi ?

Tu es une femme comme toutes les autres. Tu as une passion comme toutes les autres. Tu souffres comme toutes les autres. Tu luttes comme toutes les autres. Tu pries comme toutes les autres. Tu vis comme toutes les autres. Pourtant... tu ne parles pas comme les autres. Ton enfance t'a rendue unique à toutes les autres. Pourquoi te battre quand tu n'as pas le courage de vaincre ? Pourquoi te torturer quand tu ne puis te soigner ? Pourquoi faire semblant de ne pas aimer quand tu sais au plus profond de ton âme que tu es amoureuse ?

Pourquoi chercher ailleurs ce que tu as sous les yeux ? Pourquoi fuir l'amour quand il a fait de toi sa servante ? Pourquoi détruire un tendre lien quand tu peux pardonner la faute d'autrui ? Pourquoi haïr quand tu peux aimer humblement, comme tu t'aimes ? Pourquoi faut-il haïr quand tu dois cacher la vraie valeur de ton pouvoir d'aimer ?

Je me rends compte de tout le mal que j'ai pu causer, moi, avec mes paresses, mes lâchetés, mes ambitions et j'en passe... Pourquoi ne laisses-tu pas à l'amour de me punir si j'ai commis un crime de t'avoir trop aimée ? Pourquoi l'on me demande ce que je ne suis pas fait pour donner ? Je suis trop fier de m'aimer... et plus encore de t'aimer... Jamais je ne pourrais me haïr, pourquoi te haïrais-je ? Je t'ai laissée critiquer, bafouer, déformer parce que

Je t'aime… Haïr c'est se mépriser pour mépriser ce que l'on aime ; ce que l'on aime tendrement, naturellement et même aveuglement.

Conjuguer le verbe « Aimer » au présent, au futur comme au passé est ma raison de vivre. Voilà pourquoi je ne puis vivre sans t'aimer. Et d'ailleurs sans espoir d'être aimé, on meurt. Il semble que j'ai perdu toute ma force, je ne me sens plus moi-même. Ma volonté m'a abandonné, mon inspiration s'évade, mon enthousiasme s'affaiblit.

Si tu t'en vas qui va venir me consoler ? N'a-t-on pas conçu une aide semblable pour moi ? Est-ce que je suis seul au monde ? Est-ce vraiment personne ne parle ma langue ? La nature aurait-elle fait une erreur en me donnant la vie ? Pourquoi je souffre tant malgré l'étendue de mon espérance ? Pourquoi suis-je né ou quel est mon rôle dans cette immense vie ? Je ne suis pas idolâtre mais poète… pourquoi suis-je né poète isolé dans l'univers de la solitude ? Si pour revenir à moi tu veux que je sois quelqu'un que je ne suis pas encore, pourquoi tu ne jettes pas alors ton sortilège sur moi ?

Patience !

Pour être fidèle à ma promesse ; j'ai souffert en faisant souffrir femmes et moins jeunes qui désiraient m'offrir leur faible amour. Une promesse que je réitère en moi toutes les fois que je me sens aimé : Tout ceci se dit que je suis fou de ce fruit que tu es. Tu m'as inspiré un amour divin qui ne blâme pas et qui n'offense pas. Tu m'as fait toucher la sensibilité dans sa plus haute intensité ; un sentiment probe et généreux qui existe par sa seule raison d'être car grâce à toi je sais ce que mon âme exprime. Alors, ne me force pas à agir à l'encontre de ma destinée ! Ma parole que je te donne me sert de compas afin de mieux tracer le plan de ma vie. Tu as la liberté de ne pas me vouloir dans ta vie, mais donne-moi l'avantage de me battre pour ton honneur et pour ton bonheur, non pour tes désirs charnels... Mener une vie érotique est moindre à l'amour qui m'attache à ton idéal. J'avais su que tu étais une fille nubile dès que je t'ai rencontrée. Et, je te l'avais dit ! Crois-moi si tu veux sans vouloir t'offenser, (1) « sans Dieu, la sexualité est ou bien un tabou obscur, source de refoulement et de troubles psychologiques compensateurs, ou bien une divinité insatiable, un dieu du plaisir qui tient l'homme en esclavage sans même le rendre heureux.

Ton corps aura probablement été souillé mais il n'infectera pas ton cœur. En revanche, l'instinct sexuel est loin d'être coupable puisqu'il vient de Dieu. Comment penses-tu que celui qui sait fabriquer des petits moments d'amour ne saurait pas comment plaire à une femme ? Tu te serais trompée ma colombe, car moi qui te chéris, je ne vis que de tes tendres affections. Par contre, je ne me trouble point car il existe un jour lointain où je partagerai cet amour à ma guise. C'est de toi que vient le sens de ma propre vie et l'amour qui coule en moi !

Si tu vois que je sanctifie mon corps en menant une vie de chasteté, ne pense pas que je suis un saint homme n'ayant jamais connu de femmes. Je vis de la sorte pour que me vienne en abondance ton inspiration, afin que je ne m'éloigne pas de mon idéal. Ma vie ne m'appartient plus, elle est à toi… si vrai qu'elle est belle quand je pense à toi et encore plus belle lorsque je suis avec toi. J'ai besoin de ton souffle, de ta force et de ta miséricorde afin d'espérer à la terre promise.

Écoute ma voix !

Trop longtemps j'ai attendu ce jour, trop longtemps je t'ai suivie dans ma pensée. Et ces quelques mots écrits en ce jour sont la preuve que je pense à toi depuis toujours... bien avant que je fusse né je t'aimais déjà ; bien avant de t'avoir rencontrée je te connaissais déjà dans ma pensée. Ce corps phénoménal que Dieu me donne, est un don pour acquérir de l'expérience sur la terre de manière à réaliser enfin de compte ma destinée divine en héritant la vie éternelle. Cette vie éternelle réside en cet amour véritable que je compte matérialiser avec toi pendant mon passage dans ce monde, c'est là le vrai chemin de l'immortalité et qui ne peut se réaliser que dans une vie commune. « Je te fais don de ma vie » peu m'importe ce que tu auras fait d'elle, je boirai le calice jusqu'à la lie, mais en retour, je trouverai le bonheur et la joie éternelle.

Rien n'est plus passionnant que le temps passé à te chercher pour partager ce véritable lien. Ce fut un travail à plein temps qui m'a privé de toutes autres fonctions. Bizarrement, je suis né un quatorze, je suis le quatorzième fils de mon père, le quatrième de ma mère ; et sur ma joue un signe gémellaire captant toutes les inspirations venant de ton cœur privé de ma présence. Cela veut vouloir dire que je suis un être étroitement et irrémissiblement déterminé : Le jour, la date, le mois, le signe, la saison et l'année de ma naissance, tout influence mon destin. Ces choses m'ont rendu unique et m'ont autorisé à utiliser la magie des mots pour te dévoiler la raison de mon existence : Dès ma venue au monde, j'ai le feu sacré de t'appartenir toute ma vie, alors tu n'as aucune raison de me déplaire. Résiste encore si tu es hésitante ! Laisse couler tes pleurs pour te laver de tes souillures, brûle ton passé aujourd'hui dans le feu de ma patience car le jour de ton grand amour est proche...

J'avais des correspondances un peu partout dans ce monde afin de compenser ton absence. Je suis parti de l'Amérique jusqu'à me rendre en Asie méridionale pour concilier le besoin d'activité et la persévérance sur une longue durée. Je leur ai expédié tant de lettres, tant de cartes et tant de photos pour fuir ma solitude... En agissant ainsi, ta présence se faisait sentir à l'intérieur de moi et me donnait l'habitude de me projeter dans le temps, donc d'anticiper sur ta venue et évoluer en autonomie.

Je crois avoir manifesté l'importance de ton existence à travers tous les moyens de la communication d'une manière à nourrir cet incurable sentiment. J'ai agi comme un malin afin de te transmettre tout ce qui en moi m'animait quand je pense à ton doux regard... Toi, tu ne m'as alimenté que de tes silences pendant que je digère mal les vulgarités des petits esprits qui sont tout autour de moi. Je suffoque l'air empoisonné par leurs préjugés, leurs charabias, leurs arrogances et leurs hypocrisies.

Je sais que tu m'aimes silencieusement, mais hélas, le souci t'empêche de parler de peur qu'une parole montrant ta peine n'échappe de ta bouche. Ma tendre amie, l'amour dont je t'offre me donne droit de compatir à tes douleurs. Tu dois faire un effort pour dissiper tes craintes pendant que je suis encore loin de toi. Fais-moi confiance, je suis venu sécher tes pleurs et non pour les faire couler... Écoute ma voix afin qu'elle s'unifie à la tienne pour que je goûte à présent le fruit éternel du destin, rien n'est plus doux que ce fruit. Il fleurit chaque matin. Sans ce fruit je ne suis plus, merci de l'arroser avec tes charmes sans fin.

Quel dommage !

Une muse est comme un jardin. (2) « Un jardin, c'est une chose supérieure, c'est une mosaïque d'âmes, de silence et de couleurs, qui guettent les cœurs mystiques pour les faire pleurer. Un jardin, c'est une coupe immense aux mille essences religieuses. Un jardin, c'est quelque chose qui nous étreint avec amour. C'est une amphore[14] de mélancolie, un jardin, c'est un tabernacle de passions, c'est une grandiose cathédrale pour les très beaux péchés. Dans les jardins se cachent la mansuétude[15], l'amour et cette sorte de vague à l'âme que donne l'oisiveté… »

Tout le monde sait que mon jardin à moi, c'est ma « Muse » Et sans ma « Muse » ma vie n'a pas de sens. Ma « Muse » n'est ni noire, ni mulâtre, ni métisse, ni blanche ; elle n'appartient à aucune classe ni race d'hommes… Elle n'est ni riche ni pauvre ; Elle est simplement l'« Amour »… Elle est la Déesse qui contrôle chaque virgule dans ma vie, et Elle se sert de qui Elle veut pour désaltérer ma soif. Ma « Muse » me suit partout, que je ne puis faire un pas sans Elle… L'essentiel, tu connais la vérité maintenant ! Je n'ai jamais aimé personne d'autre que ma « Muse » et je n'ai jamais vu plus loin que ma « Muse ». Même en l'aimant, je

---

[14] **Amphore**
Vase servant à conserver, ou à transporter des aliments.
[15] **Mansuétude**
Disposition de l'esprit qui incline à la patience.

l'aime encore... car Elle me tolère moi qui suis un nomade. C'est pour cela qu'elle est comparée à la nature, afin que je vis pleinement ma vie où que j'y aille.

Ma « Muse » vit en moi et projette sa lumière sur l'extérieur, Elle m'a appris à t'aimer passionnément. Je ne puis aller au-delà de ta volonté quoique je sois féru de ta tendresse... Dès fois le courage me manque ; je languis sans pour autant savoir pourquoi je souffre. Mais quand je sais que je n'ai pas choisi de t'aimer, la paix intérieure ne tarde pas à revenir en moi...

Grâce à ton corps et à cause de ton intuition féminine ainsi que de ta sensibilité, ma « Muse » t'a choisie pour alléger ma souffrance. Lorsque tu m'es apparue, j'ai vu l'image de mon intérieur... Alors, j'ai compris que ma « Muse » est un arbre fruitier dont ses racines s'implantent en moi. Plus je vieillis avec Elle, plus Elle sera florissante. Ses fruits délicieux sont-ils, visibles ou non visibles ? Tu as toutes les qualités pour que tu incarnes réellement ma « Muse ». Si quelqu'un te dit que je vais bien, dis-lui qu'il ment. Si tu vois que j'ai l'air jovial, c'est parce que tout naturellement ta présence m'apporte une sensation de bienêtre. Ces mots que je bricole me sont venus du plus profond de mon cœur afin

D'espérer que la porte du tien me sera ouverte un bon matin...

Dans l'attente de voir que tu laisses ma « Muse » se personnifier totalement dans ton corps sinueux si pur et si surnaturel, je t'en prie de me nourrir de ton beau sourire, de ton regard et de ta délicatesse...

Mon rival et tes enseignements

Il avait besoin de se défouler
Tu lui as appris l'art d'aimer.
Il avait besoin d'humour
Tu lui as donné l'amour.
Il avait besoin de voir,
Tu lui as permis de croire
Il avait besoin d'apprendre
Tu lui as permis de comprendre.
Il avait besoin de combattre,
Tu lui as appris à se battre.
Il avait besoin d'espérer,
Tu lui as appris à méditer.
Il avait besoin de tout renoncer,
Tu lui as permis de recommencer.
Il avait besoin de changer,
Tu lui as permis d'évoluer.
Il avait besoin de fuir,
Tu lui as permis de grandir.
Il avait besoin de critiquer,
Tu lui as permis de supporter.
Il avait besoin de s'enorgueillir,
Tu lui as appris à se retenir.
Il avait besoin de renier,
Tu lui as appris à apprécier.
Il avait besoin de Dieu
Tu lui as appris à prier.

Il avait besoin de la sécurité
Tu lui as donné la sureté.
Il avait peur de l'effroi et cherchait la foi,
Toi, tu lui as appris à avoir confiance en soi
Car tu es un ange !

Pluie d'espoir !

Si aujourd'hui tout semble sombre
Viendra un jour où brillera le soleil
Pour dissiper le voile de tes illusions
Et t'ouvrir la voie à un monde en éveil.

Si tu attires sur toi les vibrations lunaires,
Laissant tout ton être plongé dans sa lumière
Et si tu t'adaptes à ses mutations
Partout la chance te suit et te sourit.

Si la tienne brille parmi les étoiles,
Ici-bas rien ne peut te contenir
Du fond de toi déverse une source
Inépuisable d'amour et de plaisir.

Si le vent souffle librement où il veut
N'ayant aucune contrainte du temps,
Qui peut te priver de ses mouvements
Afin que ta barque ne vogue sur les flots.

Si la mer, immense étendue de finesse,
S'attachent à elle tous les coins du monde
De même, toi qui flottes dans le bleu du ciel
Avec tant de souplesse, séduis homme et femme.

Si la vie t'est un lourd fardeau, n'oublie jamais !
La terre, dans l'alternance du jour et de la nuit
A tout instant a besoin de l'eau et du soleil
Ainsi va la vie de toute âme clairvoyante…

Si tes ambitions lassées se déchainent
Les épreuves éphémères qui t'enchainent
Ne seront plus qu'un lointain souvenir…
Car la magie de l'amour te couronne.

A l'amour, l'amour

Si mon rival t'aime plus que je t'aime
Il te fera vivre un bonheur éternel.
Mon chagrin n'amoindrirait que mon idéal
Pour ne pas t'avoir aimée davantage.

Si mon rival te respecte plus que je te respecte,
Il t'élèvera à la plus haute société.
Je fléchirais mes genoux devant ta dignité
Pour saluer la plus heureuse femme que j'aime.

Si mon rival parle mieux ta langue que je la parle,
Il t'emmènera au sommet de la divinité.
Alors, je n'aurais plus à me plaindre de tes calamités
Car tu seras parmi les anges qui chanteront la gloire.

Si mon rival interprète tes silences mieux que moi,
Il t'épargnera du mal qui se trouve derrière sa croix.
Alors, je m'en serai allé d'où j'étais venu
Espérant que plus rien n'entravera ton salut.

Si mon rival comme moi ne t'achète pas à prix d'argent,
Il consentira que tu mérites de voler de tes propres ailes.
Alors, j'acclamerais ton envol et admirerais tes plumages
Pour avoir gardé ton intégrité dans cet espace gênant.

Si mon rival n'ignore pas que tu es de la lignée des poètes,
Il saura que j'attends le secours de ma muse.
Alors il fera en sorte que tu ne sois pas privée de mes
poèmes

Car hors de toi, la nature ne me donne pas d'autre épouse.

Si mon rival n'a pas su comprendre tes enseignements
Malgré que tu lui aies témoigné tes ressentiments,
Il devra se préparer pour te présenter ses excuses
Pour t'avoir impliquée indélicatement dans ses ruses.

Si mon rival tient compte de tout cela ma chère,
Si c'est de l'amour qu'il ressent pour te plaire,
Si c'est pour ton honneur qu'il se bat chaque jour,
Alors ma chère, **à l'amour, l'amour**[16] car c'est l'amour.

---

[16] **à l'amour, l'amour**
À chacun selon son mérite.

Tout est accompli

Sur mon grand océan, ton feu s'est allumé.
Dieu merci tu m'as libéré de mes tourments,
Tu as pris la peine de m'écouter gentiment
Quoique je ne fusse même pas un de tes alliés.

Devant la maison de mon père j'ai frémi
En voyant la délicatesse de l'amour
Purifie, sanctifie, sacrifie, moi le fou
Pour avoir été trop tenace dans mon délit.

Jamais je ne serais aussi sot sur la route
Si très tôt dans la course, tu m'avouais ton mot.
Peut-être je ne saurais sortir du tombeau
Que mes souvenirs me gardaient encore en voûte.

Maintenant la victoire est entre tes mains
Dis en toi au lieu que je paraisse importun
Ton Dieu me fit choisir le moment opportun
Afin qu'enfin je t'aie remis le témoin.

J'irai braver ton feu allumé pour te plaire
Même si tes flammes puissent me submerger.
Mon corps sur ton autel serait alors brûlé
Pour que tes péchés avec moi montent dans l'air.

J'ai invoqué mon Seigneur pour que tu ne sois
Jamais seule dans tout ce que tu entreprendras
Aujourd'hui et jusqu'à ce que viendra ce noir
Où tu n'auras plus besoin les trucs ici-bas.

Je pars maintenant et je ne te voudrais dire
Ni adieu, ni au revoir car je serai là
Pour exaucer, tes vœux, tes prières, ton amour
Toutes fois dans tes silences tu m'imploreras.

Un jour lointain arrivera quand bien même,
Ce jour sera peut-être nos retrouvailles
Où tes plus beaux souvenirs seront des merveilles
Pour que je me fasse baptiser par un je t'aime.

Chapitre Six

L'espoir du désespoir[17]

---

[17] **Espoir du désespoir**
Moment qui annonce la satisfaction après une longue patience.

Hymne à l'amour !

Femme en furie qui aime la vie à la folie,
Regarde et vois, comme je m'humilie
A la quête de ton eucharistie.
Naïf ! Ma seule consolation est de te joindre,
Cri mélancolique que je lance pour t'atteindre
Dessine un vague sentiment de nous étreindre.

Avec tes grands yeux noirs,
L'ébauche de ton sourire
M'annonce un festin !
Je cherchais çà et là
Ce que je ne pouvais
M'offrir et m'attristais
Et cela entravait mon destin.

Ô amour, Étanche mes pleurs, apaise ma soif
Et débarrasse-moi de ma frayeur.
Que je fasse de ceux qui veulent t'aveugler,
Ton marchepied !
Zappe leur arbre à palabres[18]
Et apprends-leur l'esthétisme du bien.
Éveille en eux un sentiment généreux
Pour vivre en harmonie en tout lieu.

---

[18] **Arbre à palabres**
Délibération et long échange de paroles.

Un jour comme celui-ci

Un jour comme celui-ci où tu m'as dit bons sens,
Je te dirai que ton amour est mon sixième sens.
Un jour comme celui-ci où tu m'as appelé sage,
Je te dirai c'est de toi que me vient cet héritage.
Un jour comme celui-ci où tu m'as dit sois optimiste,
Tu verras que par ta ferveur je deviens un humaniste.
Un jour comme celui-ci où tu ne savais que faire,
Tu prendras la relève pour m'offrir un bon concert.
Un jour comme celui où tu as vu en moi un faible,
Tu exposeras ta vie pour défendre mon âme sensible.
Un jour comme celui-ci où tu as gardé un long silence,
Tu t'élèveras obstinément pour le faire taire avec aisance.
Un jour comme celui-ci où tu m'auras dit je t'aime,
Enfin je te dirai merci de m'avoir ôté les chaines

Rien qu'un mot pour chasser ma peur !

Les jours passés loin de toi après que je t'ai faite connaître mon aveu sont plus douloureux que ceux-là avant ta venue. Des blanches nuits troublent mes sommeils, je me tripote sur mon lit toutes les deux heures du matin. Mon cœur s'émeut aux évocations de tes délicatesses, et soupire. Mes oraisons n'ont plus de leurs beautés, en vain je joins mes mains pour implorer l'assistance divine. La nuit comme le jour se mêlent ; Je n'ai plus le contrôle de ma propre vie, je suis complètement perdu, évasif, déchu et naïf.

J'ai peur ma Déesse ! Peur de te perdre… Sens ma douleur ! Écoute ma prière… Fie-toi à moi sans même me connaître bien ! Éventuellement la nature a déjà fait de notre divine pensée un véritable lien. Oublieras-tu que tu incarnes ma « Muse » ?

Exhume donc le souvenir de la mélasse des hibiscus aisément que tu as sucée à chaque fois qu'on se promenait aux alentours de la cour de Bel-Anse !

Enfin, que tu fasses taire ce long silence ! Dis-moi un mot, un seul que je veux pour me replonger dans l'océan de ta complicité. Rien qu'un mot, afin que je continue de croire à la providence. Chuchote-le-moi, écris-le-moi. Donne-le-moi aujourd'hui ! Ânonne-le-moi pour que je l'écrive sur mon front ! Chante-le-moi pour me bercer tendrement !

Miséricorde

Tu allais méditer sur mon sort
Et me demandais d'être patient
Car tu m'enverrais les mots patents
Dès que tu t'en remettrais du choc.

Tu m'as dit que tu serais contente
Que je sois ton véritable amour
Si jusqu'à ce jour j'y tiens toujours
Si sans parole tu remplis un rôle.

Tu as contemplé ma joie parfaite,
Tu as admiré le beau sourire
Qui pour toi sur mon visage s'éclaire.
Plus tu consens encore la chose à dire.

Est-ce moi qui devrais la présager ?
Est-ce moi qui devrais la décider ?
Dis-moi si tu me lègues le pouvoir…
Dis-moi si mon choix est ton vouloir.

J'ai besoin de comprendre si c'est toi
J'ai besoin de savoir si tu m'aimes.
J'ai besoin que ton corps me réchauffe
J'ai besoin que tu veilles sur moi.

Hélas, tes regards sont trop sensuels
Envers moi pour que tu sois si cruel !
Et t'en ayant dévoilé mon art de t'aimer,
J'ai transformé ton corps en un corps sacré.

Malgré que tu refuses de me comprendre,
Tu me sèmes encore que des méandres.
Puis tu me jettes à nouveau dans ta prison
Pour me voir évoluer dans l'abandon.

Comment me mettrais-je au diapason
Pour espérer ton air de pardon ?
Ton regard vif, pénétrant, perçant
Me manque, et me fait perdre mon sang.

Nostalgie

Chaque matin je me lève et je pense à ton absence,
Je réalise combien j'étais comblé de ta tendresse ;
Combien j'étais alimenté par ta présence,
Combien j'étais influencé par ta justesse…
Je me baignais dans ton immense océan de souplesse
Et je m'évanouissais dans le fond de ta subtilité.
Je croyais dépasser toute ma frivolité
Mais plus je me plongeais dans l'ivresse de tes caresses…

Malgré cela, au lieu de me faire grâce
Tu rends nos souvenirs très fugaces.
Tu ne réalises pas que j'agis avec pertinence
Pour t'épargner de tes éventuelles souffrances.

Jamais je n'aurai pensé que tu m'éloignerais un jour
Quant au fond de moi-même tu symbolises mon rêve.
Ton absence conditionnée me tient dans un carrefour
Où je suis impuissant ne sollicitant qu'une trêve…

Pourtant, grâce à l'amour et la joie que tu m'as inspirés,
Je pensais pouvoir offrir mon monde aux malheureux ;
J'avais cru pouvoir refléter ta lumière sur les déprimés,
J'avais osé espérer à la gaieté intense des courageux.

Un bonheur que j'avais tout fait pour rendre vrai :
Il est passé au sort de ta sincérité qui m'attirait
A cause d'une fripouille qui a escamoté tes rêves.
Que Dieu me pardonne… enfin qu'elle crève !

Déjà j'avais passé plus de quatorze ans à te fuir
Afin de ne pas concourir à ce grand péril.
Voilà que tu acceptes que cette crapule m'exile
Afin que je sois puni de tes souvenirs…

Tes aspirations ; tes émotions ; tes variétés de couleurs,
Tes plaintes ; tes gestes et tes nobles sentiments,
Ta cuisine, ton folklore, tout me tient à toi furtivement
Et me donne la sensation de goûter à tes humeurs.

Mars et Vénus

Des jérémiades sans fin exacerbent ma patience ;
Chez toi, une mélancolie en défaillance
Ralentit le processus d'un véritable amour,
Un déficit que personne ne compensera pour moi.

Malgré mon jet d'eau que produit ton feu évolutif,
Tu as implanté dans mon cœur un éternel chagrin.
Bien que j'aie pu te libérer de ton état pensif,
Tu empoisonnes ma vie avec un regard hautain.

Ô ma Déesse ! Que puis-je t'offrir sinon que l'amour !
J'étais un guerrier tu as fait de moi un homme de paix,
Tu m'as affectionné avec un baiser sur ma joue
Et depuis, je suis devenu un sanglier vivant sans ma laie.

Je suis fatigué de mener une vie arboricole.
Que ta chevelure entoure mes mains de ton auréole
Que tu me rassasies du jus que contient ton melon
Que je me taise pour sucer le lait de tes mamelons

Que mon corps soit lavé dans la sueur de tes amours
Que tes émotions me pardonnent mes excès d'amour
Que tes paroles se transforment en un rayon de miel
Que l'inflexion de ta voix me soit un bain sensoriel.

Tu te sens aimée, pourquoi ton nom devient mon ennemi.
Pourtant, tu as toujours été le centre de ma vie…
Tu ne peux sortir dans ma vie si mes yeux ne se ferment
Et lorsqu'ils se seraient fermés mon amour tiendra toujours.

Pour te plaire Dieu fit de moi, un « mage », mon nom est Mars.
Renie le tien car je te baptise au nom de ma flamme :
Vénus !

Ma Déesse, mon amour, toi qui m'as appris à t'aimer,
Atteste que c'est toi qui as chassé ma vanité.
Révèle qu'il n'y eut aucun lien entre toi et moi
Sinon que ta vertu qui m'a fortifié par la foi.
Viens goûter les doux plaisirs que j'ai conçus pour ton âme,
En mangeant de mes loisirs tu seras couverte de gemmes ;
Nutriments que tu requiers pour que j'écoute ta voix…
Unissons-nous pour rendre hommage à la plus belle femme
Sacrée, qui me conduirait jusqu'à transgresser tes lois.

Ton poète isolé

Vivant sur un grand pied[19] avec tes yeux de feu,
Je n'irai plus laisser mon cœur nager dans le bleu.
Je m'obstine en me faisant ton **valet de comédie**[20]…
Je note sur ma peau chacune de tes paroles envoûtées,
Si je ne les écris pas je passerai à côté de ma vie.
Si je ne me baigne pas dans la rivière de ta beauté,
Alors mon pauvre cœur cesserait de propulser son sang.

Paisiblement je déambule dans ma patience
A l'espoir qu'un mot sortira de tes silences…
Un mot doux de toi suffit pour me faire oublier
Les grands mots que j'ai entendus le long du sentier…

Je m'européanise afin que tu viennes sécher mes pleurs,
J'use de mon amertume pour compenser ma douleur…
Je réfléchis sur le sens de ce petit mot que j'aurai entendu
Quand tu l'opèreras en ce jour lointain qui m'aura
appartenu…
Je pense à ce mot comme à ce jour de noces où mon bijou
Efflorescent effleurera ton doigt royal escorté de mes
amours.

---

[19] **Vivre sur un grand pied :**
Avoir un train de vie qui suggère la richesse
[20] **Valet de comédie :**
Personnage du théâtre classique incarnant un serviteur zélé et malin.

Ma muse que tu me viennes vite pour que commence ma
vie,
Elle est quasiment une peine extrême sans tes sollicitudes…
Le sens-tu là où tu es ? Viens donc m'arracher de ma solitude !

Chapitre Sept

Attente d'une seconde venue…

Quête de soi

Pourquoi je m'attriste tant, ou semble perdre tout espoir ? Que sais-je de moi-même ? Pourquoi je cherche çà et là ce que je ne puis me donner ? Pourquoi la foi m'a-t-elle abandonné ? Pourquoi mes yeux sont-ils couverts de pleurs ? Est-ce que je vais rater ma vocation pour un bien terrestre ? Si j'ai pu tenir jusqu'ici, pourquoi ne puis-je pas attendre encore quelques temps afin que je compte les bienfaits de ma patience ? Pourquoi je languis ainsi dans ma solitude ? Pourquoi suis-je comme une personne qui a perdu toute sa raison d'être ?

Mon Dieu ! Cette noble tâche que Tu me donnes d'accomplir n'est pas facile, elle nécessite une aide semblable, une épouse selon mon cœur à qui ma vocation est partagée, qui me comprend et qui saisit le sens de cette destinée, qui ainsi m'infusera du courage quand j'en aurai besoin.

Oh tendre maître ! Pour me donner un avenir sûr, Tu m'as tracé une voie vers un idéal de vie, afin que je ne m'écarte pas de ta volonté. Tu as tout fait pour moi, Tu m'as aidé à vivre, à m'orienter, et m'as donné une identité. Tu as sacrifié en mon intérêt des tas de choses et surtout quand je voulais me livrer à une autre beauté qui n'était pas de ton choix. Maintenant par Ta grâce, je sais avec certitude d'où me viendra ma dulcinée ; la Sibylle qui possèdera mon cœur me vient de Ta bonté comme je Te l'ai toujours sollicitée.

Puisque le sens de ma vie est défini selon l'inspiration de ma muse, je veux inlassablement me persuader l'avoir déjà rencontrée dans le passé, je souhaite au moins lui avoir déjà parlé et je bénirai le nom de l'Eternel si une parole de mon aveu a déjà allumé son feu d'amour... Si elle sait que c'est pour conquérir son cœur que je vis en ascète, la poésie de ma vie lui servira alors ma déclaration d'amour...

Mon sourire lui donnera la clé de la porte qui s'ouvre sur la jeunesse éternelle, afin qu'elle visite l'univers de ma pensée. Ma voix impulsive et mon cœur aimant la constelleront d'admirations, puis, la magie de mes mots la métamorphosera en une orchidée colombe pour qu'elle exhale son parfum si suave autour de mon jardin d'amour...

Reviens !

Comme ça, tu es partie sans adieux
Et voici le souvenir de tes aveux
Favorise l'écriture de mes maux
Avant de me submerger dans les sanglots.

Vénus mon amour, tu es ma joie
Reviens, reviens me sauver de ma cage.
Car la mélancolie me fait rage
Depuis que je ne me nourris plus de toi.

Tu es maintenant sous d'autres cieux
Où tes rêves ne seront plus des chimères,
Si tu fixes ton regard vers d'autres vœux,
D'autres étoiles et vers d'autres lumières.

Tu liras mes courriels le jeudi matin…
Si tu t'attaches à mes mots de chagrin,
Ecris-moi aussi quelques-uns très expressifs
Qui me délieront de mon état dépressif…

Venus mon amour, tu es mon instant présent
Tu as la force pour vaincre mon inertie…
Reviens, reviens pour me donner joie et vie,
Tu vis la vie trop loin de moi reviens, reviens !

Mon orchidée colombe !

Souris mon orchidée, sur tes lobes est la vie,
Humecte tes tépales pour qu'ils fécondent ma vie.
Éperonne tes amours une fois que tes labelles
Reprennent vie à l'affleurement de mon anthère…
Le flétrissement de ces stigmates fuira loin de toi
A la tombe de mes pollens sur tes carpelles de soies :
Nourris-toi que de la sève qui monte de mes racines ;
Déesse de beauté, ma tige ne favorisera que ta pureté,
Étends tes calices car mes pédoncules sont très fermes.

Pour me divertir de tes fleurs blanches plumeuses,
Laisse-moi ravir un baiser de tes douces lèvres !
Avant que tu m'ouvres ton cœur, sache que je t'aime,
Constelle ma vie de tes nobles attraits et de ton parfum…
Incite tes verticilles à ne pas **vivre d'amour et d'eau fraîche**[21],
Domine sur eux comme tu domines ma vie de par ton élégance ;
Édulcore mes entremets non de ton nectar mais de ta providence…

---

[21] **vivre d'amour et d'eau fraîche**
Mener sa vie sans avoir de sources de revenues…

Ta pureté, mon obsession

Oh toi, mon orchidée colombe !
Rachète ma vie livrée à la tombe
Avant que le prince de ce monde
Ne me vole le flux de tes ondes,
Car son venin envenime ma passion…
Lave-moi de ton parfum qui flagorne mon obsession,
Il est si suave, je flaire à mon tour ma peau…
Nulle autre beauté que ta pureté ne m'affriole.
En affleurant ta peau bientôt mon âme sera de tout repos,
Mais tant que les ténèbres m'auront privé de ton divin
Ton amour sans fin aura fait de moi ton devin…
Et de cette espérance, mes larmes ne couleront plus en vain.

Confidence

Aussi belle que soit la vie, aussi doux que soit le miel, aussi bon que soit l'amour autant mon sentiment sera pour toi un mécanisme de bonheur si tu sais comment le soigner. Ta courtoise, ton sens de l'humour et ta rondeur féminine me procurent tellement de joies, je voudrais tout le temps me réfugier sous ton giron. Tu n'es pas une compagne qui se soumet à mes caprices ni qui me fais agir contre ma volonté afin de satisfaire ton instinct de survie. Je suis manifestement dans l'allégresse que tu es l'une des catégories de fleurs que je butine fièrement !

Bien avant de t'avoir rencontrée, je t'aimais déjà et je n'attendais que le jour de ta venue afin de te l'avouer ouvertement… c'est ce que mon entourage n'a jamais su comprendre quand je révèle le secret de ma divinité. Je suis né pour une personne unique qui m'aime et que j'aime. Alors j'avais donc décidé de nager dans mes propres rêves que de me plonger dans ceux des autres afin d'éviter toutes ces larmes que j'ai vues couler dans mes chagrins d'amour. Elles ruisselèrent le long de mes joues, et plus rien n'aurait pu les arrêter si j'avais effacé tous mes souvenirs d'enfance. Outré, j'ai demeuré fermement dans la foi pour avoir appris que mon âme sœur est une source lumineuse qui veille sur moi et qui prie pour ce véritable amour. Et quand l'espoir fuyait loin de moi, mon obsession m'a aidé à cultiver la patience en me faisant comprendre ce qui améliore l'abri des orages et le procédé de la vie quotidienne, c'est la foi et la confiance en soi ; elle m'a fait croire qu'il y a une personne quelque part dans ce monde qui pense à moi...

Ma rosière éminente, mon devenir et ton bonheur dépendent de l'intensité de l'amour et de l'affection que tu me donnes. Même quand je suis des gens divers ayant la faculté de supporter les plus farouches banalités de n'importe qui comme cela m'est déjà arrivé lors de mon enfance... néanmoins, ce sentiment que j'éprouve pour toi depuis toujours est devenu ma seule passion. S'il n'est pas soigné de tes goûts esthétiques, un doute surgira en moi, alors je ferai appel à ma solitude pour toujours...

Je cherche le Dieu que je sers en toi. La poésie, la transmission de pensées et la prière forment le langage qui exprime ma volonté et le rite qui transforme ma vie. Lorsque j'ouvrirai ma bouche afin de te véhiculer une parole, tu devras interpréter le message qui n'est pas sorti de ma voix car celui-ci vaut mieux que mes charabias. Certes, tu as toujours été le contenu de ma vie depuis plus de quatorze années, mais à présent il me faut apprendre à vivre réellement en ta présence. Alors mon amour, mon attente n'est pas de savoir si tu m'aimes. En revanche, est-ce que tu acceptes que je sois moi aussi le contenu de ta propre vie pour toujours ?

Au-delà de nos rêves

Au triste jour de ma vie,
Un nouvel espoir naîtra ;
Gaiement tu imploreras
Une divinité infinie
Sur qui tes larmes tombent.
Tu m'émerveilles encore
Impoliment même dans ma mort !
Ne me retiens pas, je m'envole
Au-delà de nos rêves…

Sèche tes pleurs ma Déesse.
Tu devras être forte
En ce grand jour de fête.
Range-toi auprès de ma princesse,
La charmante qui te ressemble.
Illumine son esprit et fixe son regard.
Ne la laisse pas attristée de mon départ.
Enseigne-la tout ce que tu m'as fait vivre…

Mon fils, je te laisse ta mère.
A tout instant elle voudra te voir ;
Ton pouvoir viendra de son vouloir.
Réconforte-la quand elle désespère
Inutilement à cause de mon absence.
Ce que je t'ai appris de mon vivant
Inventera d'autres jours naissants
Avec beaucoup plus de grâce…

Je suis désormais avec les bienheureux
Une fois que tu acceptes ta mission.
La satisfaction de cette passion
Impliquera des efforts miséricordieux :
Elle est la destinée de notre sang...

Mon ange, tu as comblé ma vie de bonheurs ;
Le temps passé à la préparation de ta venue,
Est la voie qui m'a conduit vers le Seigneur.
Une fois encore j'attends une seconde venue.
Reprends courage puisque le rôle est inversé.
Ordonne que le reste de ta vie soit supportable.
Déesse, que tout ce que tu fais, soit favorable
A l'horizon de cette espérance pareillement désirée.

Le défi de vivre ensemble

Quelle surprise à la veille de mon jubilé ! Sans adieux et sans aveux me laissant seul avec mes tendres maux et le souvenir de tes sanglots… Qu'est-ce que j'ai fait qui te blesse au point de vouloir à ma douce peine ? Tu es une déesse à mes yeux, c'est toi ma muse, ma fiancée, mon épouse, mon amie, mon âme jumelle et je vois en toi la mère de mes enfants. Pourquoi veux-tu te fuir loin de moi ? Tu as la faculté de m'idolâtrer, pourquoi désirerais-tu me voir entre les bras d'une autre qui n'est pas toi ? Je me rappelle dès ton premier regard, j'avais su que je t'aimais et je t'aime. J'ai mené une vie paisible et légendaire afin que tu eusses évolué dans un climat de sérénité.

Mon amour, je suis vraiment triste et confus de te voir injuste… tu m'offenses gravement ! Car comment veux-tu m'abandonner quand j'ai renoncé à moi-même pour t'offrir ce que j'ai de meilleur ? Je m'apprêtais à orner ton doigt d'un solitaire afin que tu sois sans égale devant ma face mais toi au contraire, tu t'es submergée par les soucis de ce monde pour me réduire en un va-nu-pieds. Hélas, quelle tristesse pour moi qui t'aime profondément ! Plût au ciel que tu agisses ainsi au lieu de me déplaire… parce que moi, au nom de l'amour dont j'ai ressenti pour toi, jamais je ne laisserais naître en moi un désir de haine ni de vengeance pour satisfaire ma propre dignité d'homme. J'aurais préféré anticiper sur le jour de mon départ éternel que de mystifier ta vie. Car la joie et le bonheur qu'exhale ton visage à chaque instant que je vienne me réfugier devant ta beauté, forment l'unique héritage de ma survie, afin que plus rien en moi ne te soit privé.

Je prends à témoins le Ciel et la Terre afin que ma parole en ce jour te soit mon serment. Je n'aurais jamais imaginé que l'amour aurait un si grand pouvoir bienfaiteur. Nourrisson, il est un lait, adolescent, il est une céréale, adulte, il est un vin ; croyant, il est une religion…

L'amour est tangible, spirituel, rationnel, c'est une quête de sens – c'est une expression de notre intérieur – c'est se livrer au doux transport de ce qui nous émeut, ce qui nous fait rire, pleurer, rêver, espérer et croire, c'est un élan du cœur… L'amour c'est un vague à l'âme, il est plus fort que la mort.

Quand la mort pulvérise quelqu'un, le deuil que nous lui faisons ne dure qu'un moment, quant à l'amour, il nous peine, nous chagrine, nous torture, nous rend débile, nous tient prisonnier. Il meurtrit notre cœur et la meurtrissure dure toujours… Et inversement le seul remède de l'amour c'est encore l'amour. Il nous console, il nous libère, il nous guérit, il nous panse notre plaie, il nous soulage et il nous fait rêver même de l'impossible…

L'amour n'a pas de sexe, l'amour n'a pas de race, l'amour n'a pas de classe, l'amour ne suit pas de trace. Il est spontané, probe, authentique et généreux. L'amour c'est la continuité de la vie. Il est le miroir de l'âme, une possibilité infinie qui nous guide sur le chemin de la Béatitude, l'amour c'est Dieu. S'unir pour vivre l'amour c'et s'aimer pour l'éternité. Cet amour divin qui m'habite et que je t'offre à ma manière n'a ni commencement ni fin, c'est l'une des raisons je me suis payé le luxe de te diviniser afin que mon aveu ait été bien compris. Car je n'ai pas voulu moi non plus me tromper d'adresse devant ta magnifique beauté.

Et je n'avais jamais eu la prétention que j'étais l'homme parfait de ta vie, c'est pour cela que j'avais renoncé à toutes les autres femmes de manière à ce que tu me façonnas à ton goût... Quoi qu'on dise, j'avais la ferme assurance que tu prendrais à ma défense. Mais hélas, je me suis trompé bêtement ! Tu as vécu de beaux souvenirs à mes côtés pourtant tu ne m'as jamais aimé. Quel égoïste ! Moi, en revanche, je t'ai idéalisée dès le premier jour où la providence t'a mise sur mon parcourt. J'avais cru trouver l'infirmière de mes derniers jours, je pensais que tu étais la compagne qui pourrait me comprendre vraiment, m'aider vraiment ; et qui m'apporterait paix, sérénité et équilibre jusqu'à mon dernier soupir... Franchement, je ne puis comprendre pourquoi tu me fais autant de mal, quant au fond le mal que tu me fais te torture, te peine et te rend faible. Si je suis coupable de quelque chose dis-le-moi dignement... Mais ne me jette pas dans les bras d'une autre femme qui n'est pas toi car l'amoureux que je suis mérite paix.

Expressions et vocabulaires

Vivre sur un grand pied :
Avoir un train de vie qui suggère la richesse

Valet de pied :
Domestique en livrée dans certains hôtels et certaines grandes maisons.

Valet de comédie :
Personnage du théâtre classique incarnant un serviteur zélé et malin.

Vivre d'amour et d'eau fraîche :
Mener sa vie sans avoir de sources de revenus...

S'empresse auprès de quelqu'un :
Se montrer plein d'ardeur à son égard.

Épreuve de vérité :
Moment décisif

L'espoir du désespoir :
Moment qui annonce la satisfaction après une longue patience.

À l'amour, l'amour :
À chacun selon son mérite.

À vol d'oiseau :
En ligne droite

Être féru :
Qui s'intéresse avec enthousiasme.

Être comme l'oiseau sur la branche :
Se trouver dans une situation précaire.

Arbre à palabres :
Délibération et long échange de paroles.

Fine fleur :
Le meilleur élément choisi parmi ce qui est le meilleur.

La dame de ses pensées :
La femme passionnément aimée.

Oiseau rare :
Personne douée de toutes les qualités requises.

Une main de fer dans un gant de velours :
Une autorité sous des apparences de douceur.

Émoustiller :
Rendre joyeux (quelqu'un) **Velléitaire :**
Personne dont la volonté est faible et indécise.

Bohémien :
Celui qui mène une vie nomade.

Phéromone :
Sécrétion organique volatile qui constitue un signal odorant.

Ambroisie :
Nourriture délicieuse digne des dieux

Devanture :
Façade ou vitrine

Paroxysme :
Plus au point d'intensité de quelque chose.

Hymen :
Union matrimonial.

Clivage :
Distinction entre catégories qui s'opère en fonction de certains critères.

Amphore :
Vase servant à conserver, ou à transporter des aliments.

Mansuétude :
Disposition de l'esprit qui incline à la patience.

Europe :
Belle jeune fille aux grands yeux.

Déambuler :
Flâner sans but précis.

Zapper :
Éluder ou éviter quelque chose en passant d'une chose à une autre.

Excentrique :
Qui est original et extravagant.

Affrioler :
Allécher et séduire quelqu'un.

Flagorner :
Flatter bassement quelqu'un et de façon obséquieuse.

Lotus :
Position assise, favorable à la méditation pour un ascète.

Bibliographie

(1), Dr. Paul Tournier, Médecine de la personne, 1949

(2), Frédérico Gracia Lorca dans L'art du jardin créole

A.M Henry, les difficultés d'aimer, Ed. Du cerf, 1969

Agnès de Tristan, Comme le pain rompu, Ed. Communio
Fayard, 1978, Paris, 201 pages

Isabelle Hoarau, L'art du jardin créole, Ed. Orphie 2002,
Paris, 174 pages

Shakespeare, Hamlet, Othello, Macbeth, Edité par Yves
Florenne, France 1984, 420 pages

Albert Pigasse, Droit d'asile, Ed. Agatha Christie 1954,
Librairies des Champs Elysées, 1986

Trésor de la langue française, par une réunion de
professeurs.

Pierre Van Breemen, Comme le pain rompu, Ed.
Communio Fayard, Librairie Arthème Fayard, 1978,
France, 195 pages.

Remerciements

Au grand Architecte de l'Univers qui façonne ma vie, tout honneur et toute gloire dans la simplicité du cœur pour m'avoir permis de reproduire son bel amour dans ce florilège auréolé d'espérance.

J'adresse mes chaleureux remerciements au :

Vénérable orthopédiste Jean Philippe Harvel DUVERSEAU qui a eu autant de plaisir à me soutenir que j'en ai pris à préparer et à rédiger ce volume.

Professeur Patrick Frédérique pour ses conseils et ses encouragements.

Dr. Teddy Keser Mombrun, Bouchara Renold Midy, Artur Rodrigues de Nascimento, Marvin Paul et la famille Lionel et Chantal RABEL.

Mes respects à Jocelyne et Charly COLES pour leur grand amour de m'avoir adopté comme un membre de leur famille.

Dr. Waltraud GRHOS-PAUL, Ph-D de m'avoir soutenu le long du chemin.

Peintre Ralph ALLEN qui a eu l'idée de me référer aux tenants de la littérature haïtienne comme Kettly Mars et Lyonel Trouillot.

Dr. Valentin ABE, Ph-D et sa famille pour leur dévouement et leur bonté.

Merci à ma famille, ma tendre mère, Rose Ismane Derisma, mes sœurs et frères de m'avoir aidé à évoluer en autonomie et à comprendre mes rapports avec le reste du monde.

Pierre Richard Gerisma

Made in the USA
Las Vegas, NV
30 August 2023

76832723R10088